张晓栋 著

五马路：
从外滩到跑马厅

上海大学出版社

图书在版编目(CIP)数据

五马路:从外滩到跑马厅/张晓栋著.—上海:
上海大学出版社,2018.4
ISBN 978-7-5671-3091-3

Ⅰ.①五… Ⅱ.①张… Ⅲ.①城市史—上海—近代
Ⅳ.①K295.1

中国版本图书馆 CIP 数据核字(2018)第 049534 号

责任编辑 傅玉芳
封面设计 柯国富
技术编辑 金 鑫 章 斐

五马路:从外滩到跑马厅
张晓栋 著
上海大学出版社出版发行
(上海市上大路99号 邮政编码200444)
(http://www.press.shu.edu.cn 发行热线021-66135112)
出版人 戴骏豪

*

南京展望文化发展有限公司排版
上海华业装潢印刷有限公司印刷 各地新华书店经销
开本890 mm×1240 mm 1/32 印张7.25 字数178千
2018年4月第1版 2018年4月第1次印刷
ISBN 978-7-5671-3091-3/K·178 定价 32.00元

目 录 CONTENTS

前言 / 1

一、外滩：买办的下午茶（中山东一路—四川中路）/ 1

二、上海人的面子（四川中路—江西中路）/ 24

三、海上第一楼（江西中路—河南中路）/ 43

四、大师们的身影（河南中路—山东中路）/ 59

五、海派之源（山东中路—福建中路）/ 78

六、环马场边的人生（福建中路—湖北路）/ 120

七、老楼、隐寺及旧弄（湖北路—浙江中路）/ 132

八、老学堂身旁的霓裳曲（浙江中路—广西北路）/ 164

九、电影故事中的上海弄堂（广西北路—云南中路）/ 183

十、群玉坊：昨日星辰昨日风（云南中路—西藏中路）/ 194

十一、跑马厅（西藏中路—人民大道）/ 209

后记 / 222

南京路地图

- 外滩
- 四川中路
- 日清大楼
- 江西中路
- 美孚大楼
- 联合大楼
- 上海文物商店
- 永年大楼
- 亚东图书馆
- 威斯汀大酒店
- 同芳居
- 河南中路
- 江苏旅馆
- 满庭芳
- 山东中路
- 久安里
- 德兴馆
- 福建中路
- 清和坊
- 中央大旅社
- 湖北路
- 平望街
- 浙江中路
- 格致中学
- 乐余里
- 广西北路
- 海通大楼
- 群玉坊
- 云南中路
- 东方饭店
- 跑马厅

前　言

19世纪60年代美国纽约曼哈顿的第五大道形成初期，它的建设者就相信这里最终会成为世界商业的中心。现代城市发展的起飞跑道一旦建成，一切就容不得人们停下来思考。在历史发展的后150年，全世界的目光果然聚焦在那里。是它，让纽约成为美国的纽约；是它，更让纽约成为世界的纽约。

同一时期，我们将目光转向东方，在西人称之远东的中国上海也诞生了一条马路，在派克弄变成南京路后，像极了"英雄"排行榜，onetwothreefour之后的第五条马路，被称为"五马路"。南京路——大马路，九江路——二马路，汉口路——三马路，福州路——四马路，广东路——五马路，以后更有了不能与前比肩的北海路——六马路。但是一切到此为止，发展已到了极致——再朝北就是英法租界界河洋泾浜。

1862年，英国驻沪代理领事麦华佗为英租界内那五条东西向的马路起五个中国城市的名字时，大家都对他的逻辑感到莫名,特别是将广东这个省名与另四个城市名字混在一起。而实际上这只是外国人对广东与广州难以分辨的误会,南京、九江、汉口、福州,再加上广州,英国人当时对中国有限的认知就这几个地方——签过条约或形成租界,或和上海一样成为开放口岸。1865年广东路的名称正式启用时,它的前身宝善街和正丰街还在理顺阶段,一部分路权还在私人手上呢。那个时候,这条路四个名字大家都混合在用,广东路当然是官名,更常用的还是五马路,宝善街名气更响,正丰街也没有湮没。

　　五马路虽排行在第五,但却非同小可地承载着当时城市的梦想。西人热衷于大马路南京路,等而下之的都不在他们眼里。而且,中外之间就有"天然"屏障,租界最初的法令就要求并热衷于这种中外之间的隔绝,禁止华洋杂居。甚至西人因事离开租界,晚上也必须回租界内来过夜。清政府的代表道台也秉承指令,乐不可支地希望并严令禁止杂居。然而,交往是人类共有的天性,五方杂居的局面随着时代的发展还是蔓延扩大开来。大马路到六马路的排列反映了当时在上海的西人的心中位置,但却不是越来越多从南边涌入租界的华人的梦想。如若将上海人心中的城市中心作个甲乙丙丁排队,20世纪前后稍稍有变化:之前是五马路,之后是四马路,20世纪20年代后才轮到外国大马路——南京路——上海人当时是这样称呼它的。人们还是最乐意选择在最接近老城厢的租界内的五马路上,编织自己的梦想。

　　早期,在五马路侧旁,人们先是开设了茶楼,它高台建构——一个非常传统的城市标志,由此,城市拥有非凡的新视界。在它的召唤下,一些多数属于娱乐领域而非商业经济领域的项目被引入，成为近代城市娱乐文化的开端。李鸿章，王韬，康有为，孙中山，蔡元培，黄炎培，于右任，陈独秀，苏曼殊，蒋介石，胡适，等等，中国近现代史上的标志性人物，大都在五马路这个文化舞台上亮相，留下了深厚的历史足印。这个西人排列的五马路，今天成了人们了解上海、研究近代上海文化流变的驿站，有着丰富的文化内涵。

可惜的是，五马路的"领袖"气质不足，致使它的盛年时间非常短暂，而接下来的城市辉煌则由四马路担当而引发出去，由娱乐进而提升到文化的高度，为上海成为远东第一大城市，奠定了扎实的人文社会基础。

五马路，这条浓缩着近代史进程的小路，命运多舛。由于各种原因，或是先天不足的自身体质，多年来没有引起人们足够的重视。它从来不是故事的主角，人们更愿意采集它的枝蔓，去编织另一个上海故事。随着时间的流逝，它原来的面貌已经发生了不可逆的巨大变化，更是理所当然渐渐地被人们淡然忘记。也许，这条马路先天就深知自己的弱点，在排斥了黯淡的经济前景的选择后，想试一试在文化上的身手。它几乎得到了成功，因为谈及上海的近代历史文化，怎么也绕不过五马路，它的茶园、戏院、饮食、书肆、古玩、人物，乃至青楼文化，都值得细细研究。它本身就是一个巨构，是一段浓缩上海近代的辟路开道、建筑更新、制度建设的历史。

本书钩沉探微，在尽可能地收集历史片段的基础上，以最平实的语言，记录下这条小路上曾经发生的故事，使其第一次以整体、主角的形态，呈现在读者面前。作者虽殚精竭虑，唯能力有限,幸成此书,但深知挂一漏万。历史是需要一代又一代人积累的,本书只能算是探寻五马路历史的一小块敲门砖。

在作者的情感里,五马路就是广东路,两者是完全等量的,所以本书对这条路的描述称谓,是随性地混合称之,并非表示此重彼轻。而对于宝善街和正丰街来说,考虑到行文的便利和读者的阅读顺畅通达,就不得不有所轻慢。其中宝善街这个名字在上海近代史上的地位之重要,自不待言。

一、外滩：买办的下午茶

（中山东一路—四川中路）

外滩的老洋行一幢接着一幢，没有多少人知道它们中的哪一处是五马路；就像没有多少人知道五马路就是现在的广东路；就像从时尚的浦东来看百年外滩，老的散发着历史韵味的西式建筑连成一排，在外滩4号和5号楼之间，仿佛没有任何间隔一样。

眼见为实，但并不属实。

如果从外滩1号亚细亚火油大楼的地面向北前行，经过有篷顶的特色建筑1910年的上海总会——或许更正确的名字叫上海英国总会，再经过一栋厚重的石基建筑，会有一条小马路呈现在面前。而这幢建筑也在这里拐了个弯，向暗黑色的小路延伸下去。

路口竖立的路牌上，标着"广东路"三个字。这个路名，至今已有150多年的历史。

广东路现在是一条由西向东的汽车单行道，一入夜,路两旁停满了各种式样的小车。时不时地冒出几辆品牌不凡的小车,也会撩拨起人们的好奇心。

这条小路定然隐藏着什么。每当经过此地,有一点历史情怀的人心中有种莫名的冲动:去探个究竟。

路旁默不作声的建筑,感觉上也同样在回应人们某种神秘的期盼。

被称为外滩4号的建筑在拐弯处设了一处门,门旁有一块盈尺长的铭牌,了然是保护建筑的标志。但是其上的商业标志,把此楼称作外滩3号。商业对某些数字的喜憎,显然超越了生活本身。

它是公和洋行的作品,是上海第一幢钢结构的建筑,建于20世纪10年代,当时为了保证一流的质量,大楼的钢框架是专门向德国克虏伯工厂定制的。此楼的出现,实际上成为当时上海建筑的第一高。就像现在上海浦东陆家嘴地区一样,当时的外滩也是此楼比着那楼高,实力公司之间日夜攀比着,以显示自己的实力或雄心。但实际情况,只有知根知底的人才稍有了解。

建筑前身,是一栋古朴方正的小楼,为三层楼高的天祥洋行。如果仅从怀旧的心理来谈论,颠覆是一种无趣的翻造。但是经济不是如此逻辑,眼见周围的新建筑雨后春笋般拔起,没有任何想法只能被外界误认为实力低下。现实的情况也正是如此,天祥洋行作为一家英国商人的公司,它的业务中有很大一部分是

一、外滩：买办的下午茶（中山东一路—四川中路）

外滩4号联合大楼建造前，这里是天祥洋行，保留在照片中的历史，是上海昨天的梦

对日本的贸易，只是在后来的商业竞争中实力渐微，竟连独立投资一幢摩登大楼也感到有些力不从心，只能联合其他公司一同来投资建新楼，所以新建造的外滩4号就叫联合大楼，当然，在有利银行进驻后，强龙压主，又被称为有利大楼。这也是外滩各大楼时有别称的通例。

这是一座既有文艺复兴风格又有新古典主义韵味的建筑，设计师巧妙地以拐角作为门面并以此为建筑中轴来向两边展开整栋大楼的立面，楼顶的小塔楼设计在外滩建筑群中并非独树一帜，但设计师的塔楼不是建筑的点缀，而将其作为整个建筑的点睛，传递给人们以引领宏伟的建筑向上挺拔的气质。窗型设

3

联合大楼的傲气：挺拔的塔顶，微转的身姿

一、外滩：买办的下午茶（中山东一路—四川中路）

计也富有变化的韵律，方窗、半圆形券窗梅竹间隔。整个建筑简洁又不失华丽。而最下层，是整个外滩建筑群中最流行的粗石基础。有一段时间，上海民用建筑设计院在此安家，三楼设计师们面对黄浦江，近30°倾斜的设计桌安置在身前，累了双手托着下巴，建筑略微东转也为他们带来了福利：整个外滩至苏州河的景致尽入眼底，那可是难得的风景！

狭窄马路的对面建筑很容易看得清楚，也是石材堆垒的黑色庞然大物——外滩5号楼，它与日商有着更紧密关系，比联合大楼晚建了数年，德和洋行的作品。德和洋行由英国建筑师亨利·雷士德（Henry Lester）和他的朋友马立师（Gordon Morriss）、约翰逊（George A.Johnson）创办。雷士德这个名字，在老上海如雷贯耳，特别是19世纪80年代，他连续两次被法租界推选为公董局副董事长，在收拢了史密斯在沪的地产后，才真正坐大，据说可以比肩沙逊、哈同。

外滩5号因其投资公司为日清汽船株式会社，所以被叫作日清大楼。日清汽船株式会社成立于1907年，由大阪商船、日本邮船、湖南汽船、大东汽船等几家公司联合而成。其中较早进入中国的是大阪商船，总店设于日本关西大阪。起初设在上海的仅仅为代理店，1902年升格为上海支店，它在杨树浦路设有码头、仓库多处。后因在长江及中国沿岸航线上日系公司一下子增多，相互竞争而引起矛盾，所以几家联合

5

素面朝天的日清大楼

成立公司,同时大阪商船将上海支店撤销。

大型公司的建立,需要有新的气象以展现公司新的风采。但是,对建造外滩5号这样大型的建筑,即便像日清汽船株式会社这样的大公司,在资金运作上还是难免捉襟见肘。无奈在多方协调下,犹太人的资金在关键时刻助其一把力。

1919年8月,工部局就收到外滩日清汽船会社的建造申请书。业主申请建造的新大楼有87英尺之高。在外滩广东路口,至外滩界面是70英尺,因此建筑高度工部局有限制。当时的工部局工程师戈弗雷建议批准该建筑的申请。为啥？明知超限还批准，这实在是个谜。

而实际建造成的日清大楼楼层虽然也是6层，但却比对面的联合大楼矮了一头，地面第一层还能与联合大楼比肩，而在二至五层的高度只及对方二至四层的高度，在建筑颈线上方，日清大楼只有一层而联合大楼却有高高的两层，如果当初工程师戈弗雷还要压制它的高度的话，在联合大楼面前显然不能同级比配了。当然，这仅是猜测而已，

日清大楼犹太人的资金的投入据说和原来的资金有明确的界限，双方采用了分层投资法，上三层为犹太资金，下三层及地下室由日资投入。这种说法，至少与建筑的表面存在很大的差异，因为整个建筑从整体上来说是三段式，一、二层为一个单位，三、四、五层为一个单位，顶楼为一个单位。整个外立面为呈西洋式，墙用花岗石和面砖砌就，洋溢着新古典主义风格。但多多少少透着一种日本人细心到极致的作风，特别是装饰上清丽的追求，线条透露着一种神秘的东方风情，与邻旁建筑雄浑的风格有着明显差异。到过日本的人都会注意到日本的西式建筑，怎么看都觉得比西洋还要西洋，实际上是早期模仿太过的缘故，细节交代得太清晰，少了点灵动。外滩5号则非常不同。

1949年后，此楼有很长一段时间归上海海运局使

用，海运局下的子单位像海运报社等也在这里办公，楼内由两部电梯供上下客流，楼顶上拥有当时很少见的屋顶花园，是放眼浦江的绝好地方。跟随习俗，也因此曾经叫了许多年"海运大楼"。

不约而同，外滩4号和5号这两幢楼都将自己的正门设在广东路，门牌号分别为广东路17号和广东路20号。像这样置外滩宽大场面于不顾的建筑在外滩建筑群中比较另类，在外滩三十多幢大楼中，只有外滩19号和22号楼才有同样的现象，但要知道，它们面对的是上海第一大马路——南京路。而在这两栋建筑诞生的时期，明眼人都看出广东路的未来，莫不是它们在向过往五十年的广东路致敬？

现在这两边都进驻了高端的餐厅，生意的场所转身为消费的摩登世界，充满着暧昧的灯光在夜色中透显着别样情调。选择在这里进餐，无非是享受黄浦江的江景。那种登高远望的气势与感受，令人陶醉又添几分虚荣，是男人或女人共有的通病。

所以，冲着这两幢巨大的建筑而来的客流逐步在增长，广东路傍晚两边的小车塞路，越来越变得不是稀奇之事。

对一般的游客来说，很难有勇气再沿着小路去探个究竟。毕竟，对面外滩的吸引力显得更无敌。两栋建筑之间的路不宽。那么小的一条广东路，当年还有一颗伟大的心？这是一个很Q的问题。

一、外滩：买办的下午茶（中山东一路—四川中路）

对当年公共租界当局的道路设计的怨言是不无道理的，有一种传言即议广东路的开端时间几乎与纽约的第五大道同时，而现在一个在天一个在地是不容置疑的。更要命的是广东路目前的问题，路的两边停满小车时，道路只能勉强通单行车，如果此时再出现垃圾清理车，小路的交通立刻就瘫痪，这并非杞人忧天，一般每天有那么一两次。

查了有关资料，发现我们的指责也有失宽容：

1905年1月，天祥洋行向工部局提出申请，拟在外滩广东路路口建造一幢高度达115英尺的建筑物。工部局董事会的总董和大部分董事在开会讨论时表示，在外滩临江地皮上修建高层建筑是无可非议的，但是广东路是一条狭窄的马路，建造一幢这样高度的建筑物无疑是不妥当的。而实际上《西式建筑规则》的有关规定是，未经董事会许可，建筑物一般高度不能超过85英尺。在全体成员未达成共识的情况下，董事会委派工程师进行专门调查，1905年3月1日董事会会议最终决定，天祥洋行的建筑申请将得到批准，条件是产业业主需支付拓宽广东路至40英尺的全部费用的一半，拓宽地点从地籍册地56号至地籍册地55号空地的尽头处。（马长林、黎霞、石磊著：《上海公共租界城市管理研究》，中西书局2011年版）

也就是说，公共租界的工部局当初并非无所作为，直到开路40年后，还在马路的拓宽上努力纠结。但纽约那边早已一飞冲天了。这里注意有两组数据：115英尺，联合大楼拟定的果真成了当时上海第一高；85英尺确实是当时上海建筑高度的红线，而最终联合大楼超过了2英尺。

与此建筑相邻的大来大楼案例虽然对读者来说很枯燥，但它门前马路比联合大楼更宽的现实可能更能说明当时工部局在马路拓宽的问题下过一番工夫。

1916年12月21日，工部局颁布《西式房屋建筑章程》。新章程颁布后不久，工部局即已开始灵活运用章程外的空间。广东路册地57号地产打算重新开发，申请造超过高度限制的大来大楼（Robert Dollar Building），工部局批准了业主的请求。业主计划让建筑退后10英尺，由于此时广东路拓宽计划是40英尺，加上业主主动退让的10英尺人行道，工部局则批准了该建筑可造高度90英尺，原因是业主对这10英尺人行道未要求赔偿金，由公众无偿享用。工部局在马路的宽度上获得了便宜，在建筑高度上则松一松。遗憾的是此时广东路已命名了五十多年，这点所得对一条雄心勃勃的道路来说实在是杯水车薪。

广东路51号大来大楼和联合大楼比邻，在广东路这一段的南边，两者撑起了这条马路的半壁江山，于是我们今天从外滩进入广东路，就会发现路面在联

一、外滩：买办的下午茶（中山东一路—四川中路）

合大楼过后变得比较开阔。有关方面甚至可以在近四川中路的地方设了一个公交站点了。这一点，是当初以高度换来宽度的好处。

大来大楼由大来洋行投资，著名美籍建筑师亨利·默飞设计，建于1920年至1921年之间。他是在上海办公建筑中最早推出大空间不作分隔的，租户可以根据自己的需要自由分隔。这个理念后来成为一种流行，直到现在，这种按需间隔办公用房的模式还是大行其道。

广东路51号大来大楼大门
低调而拒绝奢华

11

大来洋行自己使用大楼的最高两层：拥有无敌的景观，当然要自己尽情享受。其余楼层均对外出租。但这样的生活理念并不感动上海人，当你踏进上海特有的石库门，大房东或二房东永远住在后楼甚至后客堂，而把阳光充足的东厢房和西厢房甚至前客堂让给房客来享受。拿来主义虽然在上海大行其道，但国外理念要融入上海，看来并不像我们想象中的那个样子。

大来大楼在上海最重要的事件是1923年1月23日，美国人奥斯邦本在此顶楼安装了无线电广播发射机开始播音，这也是中国第一座无线电广播电台。最初仅播放一档65分钟的节目，内容包括古典音乐、轻音乐和新闻。电台发射功率仅50瓦。电台系与英文《大陆报》合办，所以内容除娱乐节目外，还播送《大陆报》新闻。音乐当头，这是全然西方的观念，无言地告诉人们，精神享受远比其他重要。

同年1月26日电台播发孙中山当日发表的《和平统一宣言》，孙中山向《大陆报》发表谈话称"把广播引进中国，诚为可惊可喜之事"。所以，有人也将中山先生视为中国电台的创立者。

工作就是享受，大来大楼的洋行生活，无不围绕着这一主题。从昔日买办那优渥的下午茶中，集工作和享受于一体的工作生活过程，对人们不无吸引，在上海，一直引领着人们千方百计地模仿。

一、外滩：买办的下午茶（中山东一路—四川中路）

在广东路51号三楼办公室，电梯上下，那时在洋行工作不论夏、冬季，都戴铜盆帽，也称礼帽，春秋冬季戴兔子绒呢帽，考究的戴丝绒帽，夏季戴金丝草帽。乘电梯凡遇女人进来，戴帽的男士们都主动脱帽。电梯有限额，如有女的让她先进电梯，到限额没有人硬轧进，听从电梯司机。

洋行办公室内每只写字台旁有一只字纸篓，没有痰盂，写字台上没有茶杯，不订中国报纸，感冒咳嗽鼻涕痰吐在手帕上。手帕每天调换。办公时间不能侃大山，不能看闲书。

我行夏季有正广和蒸馏水供应，其余季节有出店泡两瓶热水放在库房里，要饮水就去倒……下午三四时较空闲时……用锡制小茶壶泡祁门红茶，备方糖、鲜柠檬泡茶汁，有时还有Rum酒。（毛履亨口述，宋钻友整理：《一个洋行职员的经历》，《史林》2000年第3期）

毛履亨先生的回忆将我们带回了大来大楼往昔的岁月，还有买办办公时的细节，真让人惊讶。

西洋文明浸淫上海绝对发端于洋行时代，茶、方糖、鲜柠檬和罗姆酒，时尚的要素齐全，洋行带着洋风气从这里漫向整个城市，西方礼仪的枝枝叶叶通过点滴环节，在潜移默化中塑造并影响上海，与当地文化交融、混搭，最终形成开放的、面向全球的上海文化精神,当然,还包括用力失度的后遗——颓废。对于精于此道的上海人,大家都称之"老克勒",他们一定首先是从买办中产生的。也有称之为"老耶克",怀疑是从纽约客化来,私下认为写做"老约客"才恰如其分。不管是"老克勒"还是"老耶克"或是"老约客",他们的那种礼节、那种精细,特别是对女性那种温文尔雅的态度,本身也已成为时尚要素甚至行为指南。只是物质文明显然比精神文明流行得更快乐。今天,下午茶风靡了整个城市,礼让精神尚还在努力培养进行时中。

大来大楼还有属于它的历史。

1942年5月11日,大安保险公司在此开业。中国天一保险公司的襄理谢寿天,获得中共上海地下党批准和支持,邀集陈巳生、郭雨东、董国清、关可贵、龚汇源等人发起集股组建此公司,孙瑞璜任董事长,郭雨东任经理,董国清、李晴斋为副理,谢寿天为常务董事兼总稽核。后迁至北京东路356号国华银行大楼。

1949年后,大楼收归国有,由上海市房屋与土地资源管理局负责管理。黄浦区区政府也一度在此办公。

1960年7月,大楼划归上海无线电十二厂用作生产厂房,内设车间、仓库、食堂及办公室等。

1993年,大楼使用权被锦江集团收购,并委托上海申利建筑装潢有限公司进行设计,对大楼重新修缮装潢后作为办公楼使用,期间在屋面上加建了一层。不知倘若亨利·默飞有知,将作何种反应,能够安慰他的是,加层是那一时期流行的做法,并不是谁要故意让他的作品难堪。

自2009年加固工程开工后,大楼基本处于空关状态。外滩一带的老楼多多少少存在同样的问题。90年代的一轮置换后,由于汽车业的大力发展,停车场成了附带必需品,这种配备在八九十年前无疑是浪费,可现在却成为必然。但在外滩寸土寸金的场地,停车场的代价有点夸张。成功的案例只有一个,外滩2号原来的上海总会在其后连通四川中路,将大来大楼西面的小楼推倒建了停车场,这才蜕变为国际连锁的华尔道夫酒店。

对马路日清大楼紧邻的一幢两层楼的老屋,值得好好研究:深色的木窗户,券顶的门窗,门前的台步已与路面平齐。整楼有好几个开间,楼梯设在楼的中间,两边绝对称,一望而知,19世纪的作派。这就是被称为"外滩背后"的建筑。

老一批的上海人,或是被称作"老克勒"者,对上海知根知底,他们当然知道外滩对于上海的重要性,他们还知道有比外滩更老的洋建筑的所在,这批存在于河南路以东、外滩以西夹杂在各处的建筑,对他们而言是了如指掌的:外滩9号后的禅臣洋行,汉口路126号,江西路近苏州河附近,元芳弄、泗泾路一

五马路：从外滩到跑马厅

日清大楼后的旧建筑,有比外滩层面建筑更长久的历史,那是谁家的遗物?

带……这批建筑的一般特点是年份足够长,楼外没有任何铭牌显示它们的年代,一般现在还是民居或夹杂着一些小生意。它的许多房客都是上了年纪的人,偶尔也出入几个金黄头发的好奇者,据说这种奇怪的人群组合绝对是建筑品位的保证。

在它西头的一排小楼,2015年拆除,变成外滩地区最缺乏的停车场,有关方面已经意识到再不开辟停车场,广东路在外滩几可成断头路了。楼房的背面直通上海外滩尚存的最早弄堂元芳弄。元芳弄,一头通在可能是现在外滩面上最早的建筑中国通商银行楼边上,另一头通四川中路,出弄马路对面,就是卜内门大楼。老上海人都知道怎样可以通过这条小路便捷地进入外滩。千万不能小瞧了这条路,它比周围的建筑年龄大得多。早年的几个外国领事也在这里进进出出,一副熟门熟路的样子。

此外,靠近四川中路的是三菱大楼。

三菱大楼现在的门牌号是广东路102号。非常奇怪。因为四川中路西面对马路的美孚大楼竟然是94号。上海门牌号码的起始位在外滩,照理越往西应当号码数越大。不能明白这样做的因果。但从现有的资料来看,这一现象至少存在了50年。当年殷友田先生走进这栋楼时也是这个不变的号码,他在《我的地产人生》(东方出版中心2011年版)记录了那时的情况:

> 1966年春意盎然的一天……走进位于黄浦区广东路102号一栋4层小楼,我注意到楼房的大门旁挂着一块长方形单位牌,是繁体字"上海市黄浦区房管局"。国务院颁发繁体字简化方案是1956年,但10年之后有些单位的名牌还是保留了繁体字。

这个记录有时间有地点,连繁体字的细节都没有遗漏。

丰菱大楼,广东路上你到底是第几号?

一、外滩：买办的下午茶（中山东一路—四川中路）

并且，现在墙上的保护建筑铭牌也将94号楼与102号两幢建筑的内容置于一起。思来想去，可能是有一段时期，它们由黄浦区中心医院统一使用。也有一种说法，三菱旗下的许多企业很早就同时在这两幢楼中驻足。但不管怎样，广东路开始的地方，总留有颠三倒四的情况。

广东路的这一段，仿佛都和日资有千丝万缕的关系。实际上，从租界的设定，到1854年工部局的设立，十几年中，都不见日本官方机构在沪的影子。在太平天国尾声时的1862年，才有官方日船"千岁号"来沪作短暂访问，此船还是从英国"阿米斯迪斯号"购入改名过来的。到沪后人员基本上住在老城厢内，白天到西仓桥附近或租界里转转，了解市面情况。从翻译过来的当时日记看，他们有一种强烈的观察、对比能力，日记几乎人人都写，甚至是一些低层的杂务工，也毫不例外，这就牵涉到教育普及问题；特别是中日对比、中西对比跃然纸上，完全不是一种平和的心态，而是弥漫着一种时刻竞争的迫切愿望。从他们记载的文字中可以看出，在上海的繁华着实让他们震惊的同时，也发现了中国人的许多弱点。19世纪70年代初期，日本才在上海设立领事馆；七八十年代，日本最大的财阀三井物产株式会社（又称三井洋行）才进入上海，在广东路6号设立支店，这也是三井洋行在海外开设的第一家支店。广东路的门牌因建筑物体量的大小而有所改变，现在日清大楼是最顶头的，起板就是20号，所以广东路6号现在已不复存在。日本邮船会社、横滨正金银行等日本大财团、大银行在此期间也先后进入上海。关键是日本人有很强大的信息收集、归纳、传转、分析的意识和能力，一旦出现了切入时机，他们毫不犹豫，蜂拥而至。他们十分重视传播的作用，1882年7月，三井洋行上海支店创办《上海商业杂报》，该报主要向日本提供有关中国各地的商业、物产等经济情况，也刊登有关中国的政治、文学、风俗等记事，让广大日人充分了解中国的机遇。这是上海最早的日文期刊。所以，在短短的数十年，他们竟能从西方人那里分得一杯羹，在寸土寸金的外滩建立桥头堡，让人在吃惊之余，值得深刻地思索。

甲午战争和日资大规模进入外滩之间只有一二十年的时间，中国对日资的容纳度和容忍度是日方强势还是中方宽容的结果不得而知，但日方通过迅速抹平战争伤痕的方法将触角深入中国是不争的事实。作为上海顶尖地段的外滩，日资能迅速挤在西方势力中占有一席之地，不能不说是他们重要的战略目的，并且迅速地达成。因为此时，上海作为远东第一城市已是曙光初现。而经济开道又为日方在下一场战争奠定了物质基础，这是中国人真正的痛处。

但是人算不如天算。在中日之间又一场时间跨度远较甲午长的战争后，三菱大楼更换了主人。1945

年抗战胜利后，三菱大楼作为敌产被没收，进驻单位为中央信托局地产处。中央信托局当然就是我们耳熟能详的官僚资本。而中国福利基金会也于抗战胜利后迁至上海，办公地点曾多次搬迁，在苏州南路175号颐中大楼201室短暂过渡后搬至广东路86号中央信托局大楼，即三菱大楼当时在广东路的门牌号。1949年解放军进驻上海后，军管会财经接管委员会地产管理处也当仁不让地设在此楼。

三菱大楼近年曾做过川蜀餐饮，圆形小间套房别有洞天。听说老板后来发展到台湾，很是风光。但此后接手的其他企业对此楼有点自己的想法。进驻的企业对大楼外表的颜色十二万分的不满，于是自行其是地为三菱大楼换了衣服的颜色。这一下惹恼了大众，各种媒体群起而攻之，有关管理部门也一而再、再而三地指示必须原样整改，经过一番折腾，新的土黄色的外套被剥去，更可笑的是那家公司也接着因被查而倒闭。

联合大楼和日清大楼这两个庞然大物出现前，除了天祥洋行外，实际上还存在过许多非常有特色的商店，这里记下几处以存历史之脉：

英商巴尔（R. Boll），在广东路1号开设巴尔洋行（Millinery and general Draper Establishment）；

美国人卜医生（Wallis, Wm. Pharmacist），也在广东路3号开设了上海诊疗所（Shanghai Dispensary），

据说医疗水平十分了得，以至于有后人认为如果30年代他还在上海行医的话，鲁迅先生还能多活几年；

广东路11号，四美四酒栈（Smith, Geo. &Co.），早期用马车载着桶酒，也曾是上海的一道亮丽的风景；

广东路18号，穆勒钟表行（Muller, H. Chronometer, Watch & Clock maker.），外国人在上海开设钟表行前辈应当是法国人雷米；

广东路21号，月来洋行，丁摩尔兄弟开设的艺术照相馆（Dinmore, Brothers Photographic Artists），曾经在上海滩大大有名，但如今这个名字听来仿佛与照相艺术毫不沾边；

英国人麦格雷戈（A. G. MacGregor）兄弟创办于1901年的怡泰公司（MacGregor Bros&Gow）；

原旗昌洋行合伙人约翰·特纳也在南临广东路的一侧创办了属于自己的同茂洋行（Thorne, John&Co.）。

1912年，孙中山先生应李烈钧之邀赴赣筹划江西铁路建设返沪后，11月18日，在广东路36号成立了中国铁路总公司。1913年6月，蔡元培由欧洲抵沪后，也到广东路36号专门拜访了中山先生。

这些早期在外滩的大小公司，结果是个个不同，有些人转让回家，有些人收摊，还有些人在城市的其他地方生根开花，更有些人做大做强了。而广东路上

一、外滩：买办的下午茶（中山东一路—四川中路）

的这些开始的门牌号码，随着后来巨厦的诞生而改变，已消失无踪。

1932年3月，苏联塔斯社在日清大楼设立上海分社，社长为苏托夫。通过这家通讯社，收集远东乃至世界明的暗的情报，对苏联的外交决策有极大的影响。1937年7月，苏托夫病逝，由罗果夫接任。在第二次世界大战期间，该社还出版过《每日战讯》，专刊反法西斯战争的真实情况，免费发放，深受人们欢迎。上海解放初期的副市长金仲华先生，也在该报社担任过记者呢。

1912年孙中山先生在广东路中国铁路总公司事务所门前留影

外滩这一头的广东路，基本上是"洋"天下，浸染在外滩氛围里，浓得化不开。过去如此，现在也处处散发着类似的气息。但随着深入其中，洋味开始变淡，老马路自身的精彩和魔力，才一点一点展开。

23

二、上海人的面子

（四川中路—江西中路）

跨过四川路，那种泰山压顶马路狭窄的感觉顿然消失，显然，南边的马路与大来大楼看齐，向内收了一个车身的宽度是原因之一，但在路角设立两幢仅三四层的敦实楼房，给了天空更多的留白，路显得宽敞得多，恐怕也是重要因素。

街角出佳作。路南广东路93号永年大楼，一眼望去就气宇非凡，门边沿四川中路街窗户那些不太张扬的彩色玻璃，因为从内而外和从外朝内的观察感截然不同，所以至今它们仍在路人漠然的目光下习惯地镶嵌在那里，历经百年沧桑丝毫无损。它们来源于20世纪初的徐家汇附近一个叫土山湾的地方，T'ou-Se-We的法文名字在19世纪的下半叶名声很大。天主教会原来在土山湾开设了孤儿院，或称育婴堂。西班牙籍建筑雕塑艺术家范廷佐（Jean Ferrer）又在这里设

广东路93号永年大楼,非常敦实的外表

立了工艺所,教授孤儿们从事印刷、绘画、玻璃品制作、雕塑等艺术工作。这一工作的影响力和成效,特别是对上海本地艺术品位的提升,有待人们认真地重新评估。

永年大楼由永年人寿保险公司斥资建成。永年人寿保险公司于1898年在上海成立,创办时集资五千股,每股一百两银,至1907年时,总资产已达233万美元,有效保险额达3165万美元,成为外商在上海的最大人寿保险公司之一。1910年,该公司将原广东路13号(今93号)楼拆除,建成现存的三层混凝土框架结构建筑,样式属古典主义风格。大门设在今广东路四川中路转角,进门两边是有着非常好看纹理的大理石柱,入厅,穹顶上塑着迷人的彩画,仿佛欧洲的宫廷;左面的云纹白大理石楼梯通向二楼,最夸张的是一尺宽的大理石扶手,使人禁不住地摩挲,光滑极致,给人以体感和心灵双重震撼。与室外的观感全然不同,彩色玻璃窗在光的作用下呈现出令人惊奇的绚烂色彩,内容全然是宗教方面的。这种内外巨大的差别令人目眩,无比惊讶。

永年大楼外立面看上去层次十分丰富,毛石的基座,感觉天然而又结实;质朴的外墙,有一种穿越历史的沉稳;特别是窗楣的有序变化,有平整的、三角的、券形的,无不反映出设计者在动与静的搭配上的奇思妙想。使人惊叹于这幢一百多年历史建筑的无穷魅

二、上海人的面子（四川中路—江西中路）

永年大楼四川中路一侧，不仔细看，精彩就擦身而过，这是土山湾的杰作

力，沉湎于它曾经的人文积淀。

　　光阴在眼前留住了过往的身影，令人感慨、使人惆怅：虞洽卿穿着长衫，手上可能拿着折扇。

　　1938年10月18日，抗战一年有余，上海租界陷入"孤岛"，难民问题凸显，上海市各行各业都为此奔忙，这一天，上海难民救济协会成立。两天后，在协会理事会的第一次会议上，虞洽卿被推举为理事长，麦克诺登、唐南为副理事长，颜惠庆、闻兰亭等为正副名誉理事长，袁履登为秘书长，奚玉书为司库，会址就设在广东路93号楼上。

虞洽卿当年曾以30万美元购得广东路93号楼房，取名"三北大楼"。他所开设的三北轮埠公司、鸿安商轮公司和其他贸易机构，都在该大楼办公，后来还在顶层附设"航运俱乐部"。抗战军兴，当时国际红十字会救济力所不逮，冬季将临，十多万名难民的给养救济工作面临着重重困难，作为"海上闻人"的虞洽卿义不容辞，挑此重任。艰难时世，显出人性的光辉。

协会成立后，协会的日常事务则交由秘书长全权处理。但虞洽卿对协会救济经费的发放使用特别重视，来往账目，他必亲自逐笔审核，以对得住自己的名声、对得起大家的信任。一次，他在审核中发现协会秘书长有一张私人自备汽车的修理账单，约1400多元，已由财务组凭单报销。虞洽卿深感不妥，他略微沉思了一下，不动声色，当即开出同金额的自己私人支票一张，交给财务组抵补销账，并告诫出纳人员说：协会经费是由各方面捐募来救济难胞的，私人汽车的修理费岂可在这里报销？这次就由我私人垫付，以后要多加注意。此事就这样了结。

袁履登知悉后自觉惭愧，知趣地提出辞职要求。

虞洽卿，比黄金荣、杜月笙资格更老的"上海闻人"，一个非常会赚钱的大买办，在这里，"偶然"地发现了他的人格。上海滩传承的一些品格一向不是以文字形式来记录的，多身教而少言传，只能意会，绝迹

二、上海人的面子（四川中路—江西中路）

于教化。也许，这就是上海人讲究的做人面子，也许，也是这种面子观传流不周的命门。上海人的面子实际上包含了经济上要摊得上台面、识大体、顾大局、牺牲自我、给人退路等品格，当然主要还是体现对他人尊重这一点。虞洽卿并没有对袁履登直说此事，就是给足了袁的面子；没有以上凌下为难财务，也是面子使然；而自己垫出钱来，并对财务重申纪律，真正是对事不对人。但对于知趣的人来说，比当面指责更有百倍的力量。

这，就是上海人的面子观。

虞洽卿作为买办，与当时当政者有千丝万缕的关系，后来常被人诟病，但人生就是这样无常，经济上他却一点不含糊。这位人称"阿德哥"的闻人能让租界当局将他的名字命名在一条大马路上（现在的西藏中路曾叫虞洽卿路），应当是有他过人之处的。

董浩云踏进楼来，意气风发。

1946年10月8日，上海市轮船商业同业公会第四次会员大会在广东路93号航运俱乐部召开，董浩云出席。

同年12月3日，中国轮船业济运联营处在上海广东路93号宣告成立，董浩云当选为理事，宏图大展的时刻到了。那一年，他才35岁，大好年华啊！

1947年3月27日下午4时，广东路93号航运俱乐部召开中国民航海轮联营处第一次理监事会议，大家公推钱新之为理事长。董浩云当选为常务理事兼业务组组长,脱颖而出。8月4日"中航"旗下之"天龙"轮(载重量10471吨)全由中国人自行驾驶,从上海出发,经苏伊士运河、地中海,于10月28日抵达法国大西洋口岸勒阿弗尔,再横渡大西洋驶往美国诺福克,开辟中国轮船首航欧美的历史。那天下午5时,他踏入广东路93号航运俱乐部,参加中国民航海轮联营处第四次理监事联席会议。在会议上,董浩云向业务组报告了整个航行伟大进程。这真是一个激动人心的时刻。

董浩云与广东路93号的交集是如此紧密。

在上海打下基础后,董浩云后来在香港发展,创办了中国东方海外货柜航运公司,将生意做到全球每个角落,开创了中国、亚洲和世界航运史上的多项"第一",被尊誉为"现代郑和",大步踏入世界级大船王的行列。中国人也开始戴上了"船王"的桂冠了。

董浩云勤奋地工作,通过他的言传身教,培养出的儿子董建华,后来成为中华人民共和国香港特别行政区的第一位特首。

……

街角的美丽无独有偶。马路对面的美孚大楼也有一例。

美孚是外商在华三大石油公司之一,初来华时,就设办事处于外滩。数年后就有较大的盈利,为了业

二、上海人的面子（四川中路—江西中路）

务的更大发展，1924年在广东路四川中路西北转角建造了一幢4层大楼，这就是我们现在看到的敦实的美孚大楼。大楼坐北朝南，占地面积近1000平方米，混合式结构，新古典主义风格。转角立面为构图中心，门口有一对塔什干式柱，顶层阳台置爱奥尼克式柱。外墙使用锈红色的砖面，温暖而不张扬。

美孚大楼后来给人印象最深刻的还是入驻的黄浦区中心医院。但从来都是亮瑜同时。在很长的时期内，它还是没有附近的仁济医院来得更显影响力。直到后来仁济医院关闭了夜急诊后，驻于美孚大楼的黄浦区中心医院作用才日夜见大，形象也渐清晰。令人难忘的是它底楼的一条券顶的长廊和两边的护墙板，难免使人想起《列宁在1918年》里克里姆林宫内架设电报机的画面，只是进出的人流如潮水，满脑又是《列宁在十月》冲击冬宫的场面。

同样，搞不清为什么美孚大楼门号是94号，而更东面的三菱大楼号码却是102号？

美孚大楼向西，街两旁平行着两排不高的公寓，当年每个门牌甚至每个窗户都是一家中小型公司或洋行。和其他路段一样，在四川中路和江西中路之间，当初生存着许多洋行，其中又出没着许多买办掮客，川流不息，这些人每天都在做着同样的梦：哪天能将自己的位置安置到外滩？一些人成功了，绝大部分人一直要梦下去。这里，简直成了外滩大公司未来的

美孚大楼英姿

二、上海人的面子（四川中路—江西中路）

美孚大楼内令人遐想的长廊

"杀手"摇篮，"英雄"哪里还问出身。

广东路123号，亚光书刊电脑经营社，现在应该是全上海人都熟知的地方，但凡家中有读书的孩子，都会光顾过这一出售学生教科书和教辅书的圣地。尤其是新学期开学之际，人满为患，甚至连付费还排起长队。20世纪80年代它从上海新华书店游离出来时就名声大震，而实际上，上海新华书店还是它的大股东。从大一统的书店，变成一家一家特色书店，80年代是一种流行。而这种分离，直到上海书城建立后

33

也没有打破,反而每个区都设立了一个专售教科书和教辅书点。独生子女时代,也是最缺乏童趣那一代,一不小心就火了这样一家书店。

123号还有它更早的历史呢。在三楼,康茂(Paul Komor)曾经有过一间单独的房间,他是康茂洋行的大班。康茂是谁呢?这就要说到对面广东路136号的恒余洋行。

20世纪二三十年代,上海早已成为万商云集的城市,有两股外来避难的人群触动了它的兴奋点:白俄人和犹太人。前者因北方强国苏维埃化而进入我国,

广东路123号,教科书的圣地——上海亚光书刊经营部

二、上海人的面子（四川中路—江西中路）

由东北进而南下至上海，并在租界寻找到乐土，扎下了根。后者则是逃离纳粹魔爪的幸运者，在30年代后期逐渐进入上海，开始了他们在上海生活的人生插曲。毛履亨口述、宋钻友整理的资料使后人对这段历史有个侧面的了解。通过这些资料，人们就能大致了解恒余洋行与康茂洋行关系，以及一般洋行在上海经商细节。

广东路136号的主人是白俄犹太人罗加利斯基（Rogalsky），恒余洋行大班。他来上海的时间尚不清楚，可能和匈牙利建筑设计师、国际饭店和大光明电影院之父邬达克同时期。康茂是罗加利斯基的姐夫，匈牙利人，1898年就来到上海。康茂的住宅在哥伦比亚路（现番禺路）92号，占地6亩，花园小洋房。邬达克同时期也居住在那里。康茂身为奥匈期间的驻沪领事及领事团团长，直接管理着邬达克。东欧的几个小国在那些年代也是命运多舛，一战就从那里开始，二战也一个不漏，你中有我我中有你，大家抱团求生。在上海这个东方都市，罗加利斯基、康茂应该都是邬达克朋友圈中的人。

罗加利斯基以前为慎余洋行西药部经理。他将慎余洋行盘下来后，把西药部的东西全部接受过来，开办了恒余洋行。他可能意识到自己要长期生活在中国，所以拼命地学习，为了在上海滩站稳脚跟开展业务，他和其他几个白俄报名参加了中文学习班，以

35

便及早同中国人交往，融入中国人的圈子。他有了中文基础后，经常翻阅中文杂志，寻找广告后联系工作。当然，他认为英文对他们也同样重要，这也是他对自己洋行国际贸易定位的必然结果。总之，罗加利斯基是一个很勤奋的人。

恒余洋行用人有自己的规矩，从练习生开始往上升迁，依次有小写、大写职位，三者薪水依次为每月20元、100元以上、150元。大写的工资差不多就达到了买办阶层，一个月的工资当时可换算成二两多黄金，并且与大班分享着洋行里的商业秘密。如果仅从工资来看，只有现在的白领水平。但如与当时普遍的收入比较，是非常扎眼的。

恒余洋行代销的德国汉堡药厂的药品，是整个洋行的进口业务重点。主要销售消炎药、破伤风血清。当时汉堡药厂的药品在上海十分紧俏，所以，生意场上是朝南坐。当然，罗加利斯基绝不会在一棵树上吊死，除了药品外，他的生意扩展到各种日常用品：敲不碎玻璃、钢精茶壶、化妆品、香皂、刀片、热水袋、冰袋，还经销苏门答腊、爪哇的生咖啡豆，等等。

罗加利斯基有了钱，却不打算买自备汽车，在这方面他绝对精打细算：当需要跑远路时，他会向别人借车。上海滩先后出现过许多这样的"吝啬"老板，他绝对不是第一个，先前在沪的英国地产大王雷士德就是一个，做得更绝——不结婚不买车，一些成功人士也不购车。但这要求城市的公共交通有绝对的保障。

罗加利斯基虽然贵为大班,但对许多重要的生意都是亲力亲为,经常外出参与商品的推销。他有一种不可思议的精细,对外的信件都亲自处理,存根分类保管,下班锁闭;来信注明何时来、何时复信;信件都有复件,且自己用打字机打就。这和我们想象中的外国大班有不小的"差距"。

孤岛时期,罗加利斯基审时度势,抓住国际环境有利于中国出口的时机,迅速将洋行的重点转向出口。初期方向是美国的,电报每晨九点到沪,大班先问价,讲好价格、货物数量及交货日期,再由大写到外面寻客户。这是一档困难差使,要谈价格、规格、数量、交货日期等细节,况且美国与上海有十多个小时的时间差,需要随时跟踪,根本没有固定的时间休息。所以大写的工资及分成有其合理的一面。

第一笔出口货是嘉定产的黄草和白玉草编织的草拖鞋。买办找到货源讲定价成交后,言明佣金5%,即以买办名义预定500打白玉草的草拖鞋。次年即将该批草拖鞋转售给洋行。买办取了佣金又赚了差价。买办到处考察寻找待开发产品,有着两头吃的本事。

大班也知道这些,但大家各赚自己的钱也是买办和大班之间无言的约定。所以,你要生意成功,绝对需要一个良性的生意环境,要让上下家都有钱赚,你才能更好地生存，而不是你一下子将一次生意的利润都归你一人，第二次生意时再建生意链。这才是商业成功的秘密所在。

1938年，罗加利斯基的姐夫康茂在恒余洋行挂出康茂洋行的牌子后，在广东路123号三楼他设有单独一间房间，具体业务由恒余洋行买办兼职，未聘他人。这也是他的精明之处。康茂洋行开设后，恒余与康茂的许多商业活动合在一起，不分彼此。康茂洋行实际上就是一个皮包公司，在做借鸡生蛋的营生。

一次，康茂接到加拿大一磅热水瓶的订单，接单后，要恒余洋行买办与长城热水瓶厂联系。实际上，该厂只生产两磅及五磅热水瓶。买办经过巧言洽谈，该厂总算同意生产一磅容量的热水瓶，但因为是大厂，买办也让了步，佣金只收2%，但恒余洋行的买办实际上是几头拿，完全懂得进退。康茂则亲自制订商标，不用长城牌，改商标为Diamond（钻石）。他向印刷厂定制，待厂里交货再由行里加上商标。如此，康茂这样的公司也有了自己的品牌，发展得有声有色。康茂拿得到订单，与其人脉较广不无关系，是否还有点借公济私，就不得而知了。

但是作为社会的一员，他们都不回避自己身上应该承担的社会责任。

1939年，德籍犹太人大批逃难来沪。当时康茂经常与沙逊、万国储蓄银行司比尔门（Speelman）会

二、上海人的面子（四川中路—江西中路）

面讨论救济事项，并在沙逊大厦433房间内设有办公室。康茂等组织了德籍犹太难民救济所，办公地点就在康茂办公室。救济所工作人员的经费全由康茂支出。安排难民的最佳方法是根据他们的特长给他们一份工作，这是最体面的救助。恒余洋行用了两个德籍犹太难民，其中一个是青年，他家原在柏林开呢绒店。他们离开德国时每人限带两只箱子。当然，他们是犹太人中的幸运者，并不是每个人都能有这样的机会。康茂还分发救济金，每天上午都有犹太人来领取救济金，也有贷款经商的，都由康茂签发沙逊银行的支票。所以广东路那一时节人来人往，十分热闹。

1941年下半年，局势一天比一天紧张，令人不安的消息时时传来，航路时断时连使人揪心。洋行商品发出，收不到款成经常之事。大家心里都有一种不好的预兆。那时节，上海的商业活动受到极大的影响和冲击。

该发生的事还是发生了。1941年12月8日上午9时，日军大批开入孤岛，在马路上设防，苏州河桥上都有日本兵持枪站岗，来往行人都要被抄身，并要向日军鞠躬，一旦忘记则枪托以对。太平洋战争爆发了。

恒余洋行那天照常上班，但大家都只做些日常工作，业务则全部停顿。就这样一直到1941年12月31日上午，大家担心的事终于还是不可避免，罗加利斯基将雇员招来，给了他们两个月薪水和一份工作证明,就此宣告恒余洋行歇业。

这就是一家小洋行一路走过的路程,也是抗战时上海千万家小型企业的缩影。

通过这一场战争,中国的买办阶层开始走向衰弱,从此一直在艰难的层面上徘徊,很难谈得上发展。中国的民族工业遭受了毁灭性打击。

早先登入上海的洋行林林总总,都是同样的,什么生意好做就做什么,没有前瞻,更无野心,有的就是抢一把的滑头心态;但在一段时间过后,一批洋行淘汰了,经过市场摔打生存下来的则实力非凡。那些买办们也今非昔比,经过洋行的眼界,有了更敏锐扫视市场的目光,他们更了解上海的底细,他们开始壮大。但这一切,都停顿在了日本人的枪口下,不然,历史将作何种演变,上海乃至中国是何种景象,也只有天知道了。

也是因缘巧合,广东路136号与广东路123号过去是康茂洋行与恒余洋行关系,136号隔弄的140号,在20世纪90年代曾是亚明书店,而亚明与对面123号的亚光也是兄弟单位,一度两家单位还在经营上作友好分工,亚明营销中学一块,亚光经营小学一块。冥冥之中,又续了前缘。

海关大钟敲响了。夜深了,四周显得静悄悄。这里和外滩仅隔一路,但全然演绎着两重世界,在最热闹的侧旁有一个意想不到的安静,两旁的老公寓此刻

二、上海人的面子（四川中路—江西中路）

好像都沉睡了。

在江西中路口，向南看到的是一排二层的齐整的楼房，灯下看得清屋檐下装饰的规整的坠花。租界时期，在接近洋泾浜的江西中路上，曾有一家叫Line的外国人酒吧，女老板格雷西·盖尔（Gracie Gale）来自旧金山。Line是绝对面向洋人的，周遭洋行的大班，令人吃惊的还包括教堂的传教士，都是他们现成的顾客。喜欢小酒吧，喜欢亲密状，洋人们在这里胡天胡地，享受着他们狂欢的周末。Line的背后有工部局为它撑腰，格雷西·盖尔是工部局总董的妻子。

绝妙的是那里还存在着一个外国图书馆。《密勒氏评论报》社址就在拐弯不远的爱多亚路（今延安东路）上，那个写过《红星照耀着中国》的斯诺应当来这里坐过，兴许有些思想火花诞生在这里。报社的"密苏里帮"也应当是这里的常客。艾米丽·哈恩，一个喜欢衔支香烟女人，也曾在此地对窗望景？她的暂居地，也就在江西路上的一幢高楼中，她的中文名字项美丽可能更为人们熟知，据说那时，她那只聪明的猴子还在她身边哪。她后来为中国著名的宋氏三姐妹写过传记，是一个有名的中国通。

灯下黑矣！路口，鼻子前下，就有一幢奇怪的建筑，半圆塔的底座，高三层，顶层似被削去，令人怀疑已非建筑本来的面目。抗战胜利后，是黄浦宪兵队的大本营，解放前夕的金都血案的主角宪兵23团的驻扎地。宪兵23团的一部是原驻浙江杭州的宪兵7团，不知何因，大概是闯了祸，7团遭解散，后编入上海宪兵23团，但将天生凶悍的基因带入，隐藏了更大的凶险。23团的两个连在金都大戏院与警察打架，一下子打死多个警察，警军争斗在上海滩引起极大的轰动，警在民前高出一头，遇到军人则吃了眼前亏。在当时最高层的命令下，宪兵23团又被驻沪司令部下令解散，部分部队编入宪兵16团，驻南京下关去了。

这场血雨腥风，也是上海风云际会的前奏。上海在晚清时尚有所谓的互保，全国在乱而上海不乱。但此时北方战事正酣，没料到23团竟在上海这个相对平安的地方惹事。两年后，上海天翻地覆。

如果你现在置身于此楼，无论如何想象不出这幢建筑曾经会是宪兵队的大本营，至少在广东路面上或转角的地方，没有一个可容宪兵威风出入的大门。在江西中路边倒是有一大门，如果你把胆子放大一点，深入其中，会发现一个足够三轮摩托车回旋的空地。当初宪兵队接到上峰开拔撤离上海的命令时，一定让他们很沮丧。

上海是全国经济中心，广东路的这一段，又是中心的中心，没有比这里更中心的地方了。但是现在常驻的居民大量外迁，双休日人影稀疏，与一路之隔的外滩、和稍南的老城厢豫园比，真是有着天壤之别。

三、海上第一楼

（江西中路—河南中路）

夜晚，跨过江西中路，感觉天地进一步开阔。疏星在天，明月满地。夜，寂静，清冷，月光却令人满怀着温暖，享受着别样清静的情趣。

左边威斯汀大酒店屋顶皇冠莲花灯在天际悠然璀璨，似乎在提示你这里是一个不夜的世界。

威斯汀大酒店是一个非常成功的建筑，它离外滩至少有几条马路，但从浦东看过来，它与外滩是那么协调，一点也不突兀，仿佛它就生根在外滩一样。从老上海外滩天际的角度来看，其他的建筑尚难做到这一点。

服务员热心地拉开了门，朝你莞尔含颔，那种不露芳华的甜美顷刻沁入心脾。一杯咖啡或茶免不了搁在沙发前几案上，众人如此，环比皆是。人们互相间轻声地说着什么，旁人根本听不清。上海最摩登的

尾顶像莲花一样盛开在天空的威斯汀酒店

三、海上第一楼（江西中路—河南中路）

地方啊！

和从前真是完全不一样了。

威斯汀大酒店的所在地，150多年前可是人声鼎沸、无人不知无人不晓的丽水台。丽水台堪称租界茶楼茶馆之鼻祖，配得上"海上第一楼"的称号。它南临洋泾浜，看着舟行船游，极目华界老城厢；环顾则是租界的洋世界，是当时租界内华洋杂居最热闹的场所。楼台取名据说出自唐诗"长安水边多丽人"句。当年，许多茶客登楼，完全忘记了李后主"无事莫凭栏"的忠告，恣意极目：粉白黛绿，望衡对宇，秦楼楚馆，舟樯摇逸，笑声浪语，莺燕流连。真是"绕楼四面花如海，倚遍阑干任品题"。茗客至此，流连忘返，成为沪上第一好去处。

难怪《沪游杂记》称道"座上常满，杯中不空"。好一个神仙世界！

当时的人们，好用"杰阁"来形容它的华美。杰阁三层、轩窗四敞的丽水台不光是喝茶的场所，实际上承担着更多娱乐的功能。丽水台开张了六七年后，《绛芸馆日记》中就有彼时的记录：

1873年农历七月廿九，乙亥，晴

午后，秋甫偕其泰山姜芷村丈来，旋即同游邑园，在四美轩茶话。茶罢，出城至丽水台听朱素兰、王月琴两词士说书。书场散后，往盆汤巷取绣件，转至复新园夜饭。饭后,同访南卿、庆玲两校书,略坐即往丹桂园看戏。张松筠、闵鲁孙均来。子正进城。

绛芸馆主,其人失察,根据日记行文内容,可以知道是杭州有名的画家,文笔尚佳,最早期的《申报》上,曾有文章登头版,与沪上早期画坛巨擘任伯年有交往,其留下十年左右的日记,是我们研究上海戏曲文化不可多得的宝贵资料。邑园即今豫园,四美轩是有名茶寮,都在老城厢内;盆汤巷,即今盆汤弄,在今南京路以北,1864年建成,是时正新鲜之处;复新园,五马路上的大饭店,也是上海当时数一数二的高级会客场所;丹桂园,上海最早的京戏茶园之一;朱素兰、王月琴,都是弹词说书的女明星;南卿、庆玲两校书,也是五马路附近的有名书寓。绛芸馆主当天的一系列活动,都行游在上海最高端的地方,可谓是上海当时的顶级安排。而像绛芸馆主那样每天从城里到租界来游乐的人,如过江之鲫,数不胜数。

上海人饮茶,喜欢用"吃"字,可见他们对液体的态度也一样固体化,以重视的目光对待一切进嘴的食物,而不分彼轻此重。

在丽水台以前,老城内吃茶处,一般以茶寮称之。茶寮,听起来就是简陋的称呼。但是真正吃茶的地方,是更简单的老虎灶前支一张白木桌,来这里茶客,被称之"老档",是真正懂茶的人。吃茶的地方称之园,进而称楼,就高大上了,更可以边吃茶边听书,与北方边喝茶边看戏,异曲同工。这一形式一时风靡上海,成了老上海人的日常生活方式。此门一开,就再难闭上。许多种类戏曲伴上茶园茶楼,都各具特色地呈现在五马路上,再也离不开了,成为开埠后上海娱乐业发展之先声。

存留的竹枝词中有"啜茗同登丽水台,不须叫局有花陪"句。丽水台可谓开创新局面。除了吃茶,两胁风生的快感,又添了红袖斟茶的名堂,借七碗以行撮合,而且,无须到处飞红笺叫局。此例一开,难怪租界中的茶园茶楼如雨后春笋,在五马路周围到处生根发芽,时间跨度长达半个多世纪,影响了上海几代人的生活方式。由娱乐而推进文化,也为上海近代文化交融与文化发展,留下了深刻的时代烙印。现今留存在城市中心的戏曲舞台,无不是那一时代的子代孙辈。

吃茶、看戏,看戏、吃茶,似乎成为上海人的人生。

好花不常开,好景不常在。歌词就是这么写的,世事也那么演绎。大约十年的光景,丽水台从辉煌走向了颓败。

人尚在,景已换。当新的娱乐种类、更时尚的东西出现时,人见异思迁的本能发挥了主观作用。戏院的出现,在分流、吸引观众的同时,还培养了青年观众，这是不争的现实，就像后来电影吸引走了大量观众一样。丽水台的最大对手就是时代，年年岁岁岁岁年年，在努力挣扎了之后，它香消玉殒，成了人们追忆的过往和那个时代的标杆。

在丽水台的年代，早已形成了一个氛围，一个曾经围绕丽水台生存的产业，这些产业经过十余年的伴生发展，已经形成了内生体系，并且已经强大到离开了丽水台自己同样有继续生存下去的能力；或者也可以那么认为，这些产业原先依附于丽水台，由于自身不断地强大，需要更多更大的回旋空间，甚至连越来越落伍的丽水台也成了它挤兑的对象。

于是，棋盘街诞生了。

出现在河南路以东的棋盘街与存在于河南路以西的棋盘街后来分别前缀以"东""西"二字，以区别两者的范围方位。在以后的岁月里，棋盘街的名字盖过了这里曾经有过的其他名字，甚至直到今天，在棋盘街自身也消失的日子。

确实，棋盘街的名字，对现在的上海人来说也是如雷贯耳。但要问详细的方位，说得清的没几人，因为东西棋盘街早已不存。特别是丽水台后的东棋盘街在20世纪初已沧桑巨变。此处后来名声在外的只有后进驻的西泠印社，门号为广东路239号。"西泠印社"是1904年创办于杭州的中国第一个篆刻印学社团，在国内外都享有极高的声誉。同年在上海北福

三、海上第一楼（江西中路—河南中路）

建路（今福建北路）归仁里第五弄创办了上海"西泠印社"，后迁至广东路。它的邻居是一家毫不相干的冷库。威斯汀大酒店兴起、东棋盘街巨变后，它又迁至江西中路广东路口，门面为江西中路105号，贴近广东路的转角上，为少数至今尚存这一地区的一家老店。西泠印社成员多影响广，成立后出版过大量的印谱、印集和印学著作，并精心研制高品质的印泥。

除此外与文化有关的就要数笔墨庄了，曹素功、胡开文、周虎臣、杨振华等本人或后代都在这条路上

尚留在江西中路105号的西泠印社，是广东路最后的文化尊严

开店置业，后来随着年代的变化分散到附近的福州路、河南路、金陵路；广东茶馆怡珍居也曾设在此地，除了粤式点心，还兼设烟榻，招揽瘾君子，……太多太多的城市记忆。

棋盘街带来了人气，也形成了真正的商业氛围。各行各业遵循着自然法则生长。但由于作为公共租界和法租界的界河洋泾浜近在隔壁，所以有规模的大型的商业设施难于在五马路附近发展，空间的局限性极大。大家更愿意将大的投入、大的力量放在南京路上。一种流传已久的阴谋论至今还没有被证实：即当初已经定下公共租界的建立将包含英租界和法租界，但是法租界公董局听命于法国领事，也就是听命于法国政府，拒绝并入公共租界。法国人更喜欢自娱自乐。而事实是法租界当初弱不禁风，连自来水也得从英租界的江西北路水厂引过来。所以公共租界工部局在商业引导上，偏离广东路不让法租界借光也算一种合理的报复。只是广东路，成为这次斗争的牺牲品。

看看纽约的第五大道，今天只能叹息了。

樽空梦酣。

在威斯汀大酒店暖热的氛围里，有关于许多城市的记忆开始模糊不清了，更奇怪的是，咖啡没有任何作用，人不但没有兴奋起来，全身细胞仿佛都植入了一种慵懒的基因。

三、海上第一楼（江西中路—河南中路）

海关钟声清远地传来，方知夜阑更深。起身从华灯璀璨的威斯汀大酒店出门，一阵清风使人清醒：日历翻过了新的一页。

历史也同样翻过了新的一页。

路的对面，是一长排四层楼的敦朴的房子，一、二层之间嵌挂着几个斗大的字，写的是些什么字呢？

在白天，根本不用看，那几个字不就是"上海文物商店"嘛，但晚上的风景可真不一样。

棋盘街风光过去以后，20世纪初，这里开始聚集

上海文物商店一边是四层，还有一边是三层，从外立面看，原本应当是三层楼，上面更住着一些居民

古玩商店,一家一店,形成风气。这大概是租界一带第一个成规模的古玩商圈。原来老城厢的新北门内,有一条专售古董的街道,租界形成了新的古玩商圈后,老城厢的则渐渐散去;后在洋泾浜边的松江路上,也形成过小型规模的骨董小店,但没形成气候,到五马路时,才成了真正的集大成者。

1921年,上海最早的室内古玩交易场——上海古玩市场在江西路近广东路的67号二楼开业,此地前身是北市设摊经营古玩集市的怡园茶社。按照这条线路,也能看出广东路这一处的变化线索:茶园,茶园—古玩市场,古玩市场。

1923年成立的上海特别市古玩业同业公会,初名上海市古玩业公会,又名上海古玩书画金石珠玉同业公会,就设址广东路218号。场内店摊,以金庆记、米友记、立记、王雨记、索万记等最老,开办于1924年至1933年;其余开办于1935年至1949年。资本以达培记、艺华、鼎古斋等字号为最多,经营方式大多为铜、瓷、玉、牙等多种类兼混;也有许多专营店铺,如:书画专营有达永清书画摊,玉器专营有瑞文斋、彝古斋、马呈记、华崇记、陈宝记等,象牙专营有黄鹤记、王永记,钱币专营有环球泉币社、麒麟泉币社,瓷器专营有王少泉、童庆记,经营出口业务的有薛贵记、信昌永、抱真记等字号。当时做生意的人都相当谨慎保守,以做熟不做生为交易原则,经营也以同业间交易为主。

三、海上第一楼（江西中路—河南中路）

大家都不以生意最大化为追求目标，而是以交友为主，过着一种恬淡的生活。

1932年后改称中国古玩市场。这个市场经历了短时期的相对稳定，马上经历了"孤岛"时期、沦陷时期，直到迎来了上海的光复。抗战以后又被上海市古玩业同业公会整理委员会接收。

这里不光是吸引专业古董商和业余的收藏者，画家、篆刻家也是光顾的常客。古画的买卖当然属于古玩的一部分，篆刻需要的石质讲究也深奥，石品高下关乎品味。大家在这里，干得是拼眼光的活，专捡他人的漏。

20世纪三四十年代，钱镜塘先生在上海经营着一家古玩店，叫"六莹堂"。钱镜塘，名德鑫，字镜塘，以字行，晚号菊隐老人，浙江硖石人，中国书画收藏大家。他有空没空地经常去五马路逛，凭自己的眼光扫视市场，能识别人不识之宝贝。一次他发现某家店铺内人声鼎沸，不知发生了什么事，他探身前去问个究竟，只见人们都在谈论着一张破败褪色的旧画，分歧很大。镜塘先生为人们俗称的"老法师"。所谓的"老法师"的本领，实际上就是对于各种画家画风烂熟于心，辨别能力高于常人，画卷稍展一角，便能判定八九分。镜塘先生过目后眼前一亮，断定为北宋画家范宽《晚景图》的真迹，此刻他心里流转着这幅画明清以来的整个传承过程，细心地从款、章入手，再作纸、字、色鉴别，他压制着内心无比的激动，看过后轻微地点点头，同意按卖家的出价买下了此画，随后即请当时沪上裱画名家严桂荣先生精心托裱兼修复。捡了一个大漏！真真有缘。

镜塘先生与文物市场缘分不浅。他曾1958年和1962年先后两次捐赠给上海博物馆赵之谦、任伯年等近代名家书画174件。1979年，他又售让给上海文物商店明清书画67件，由文物商店拨给上海博物馆。上海文物商店，就是眼前坐落在广东路上的这一家。

像镜塘先生这样的专家，上海人一般称之为"老懂经"。即其当行的那一套来龙去脉，弄得非常清晰，能够达到如数家珍的程度。此词后来引申为一切识时务而做出合理选择的上了年纪的人。

1952年10月，上海市文管会执行1951年8月政务院《禁止珍贵文物出口暂行办法》，这一措施的执行收紧了古玩市场原有的经营范围，主要对出口这一块加以收紧，原可出口的一般古陶、古瓷都停止放行。市场的营业状况顿见失色，衰退已是必然。

这一形势在1953年继续延续，因为本来就是一个小众市场，其结果是会员和从业人员大幅减少。1954年，旅沪外侨陆续离境进入尾声，这些古玩市场常客的减少使得市场更加萎靡，歇业或转业者时现。1956年1月20日，上海第一商业局上海市贸易信托公司归口管理上海古玩行业，实行公私合营。同年2月

三、海上第一楼（江西中路—河南中路）

23日，上海市古玩商业同业公会筹委会由上海市珠宝商业同业公会筹备会接收。1958年4月，上海市古玩商业系统实现全行业的公私合营，专营与兼营古玩业务的单位缩之为9家。公私合营的上海市古玩市场，为其中规模最大的一家，由中国古物商场和上海古玩市场为主体的45户坐商和66户摊贩合并而成，成员共173人，熟谙文物鉴定有10余人。到1967年初，"文化大革命"开始，市场完全停业。"文化大革命"中，这里改作上海文物商店。1971年11月，广东路留守部的业务全部划归上海市工艺品进出口公司，至此，作为古玩一类的专门店商全部消失，存在了数千年的古玩行业，在那时，作了一个暂停的姿势。直到"文化大革命"结束后的1978年，上海文物商店才得到恢复营业。

在如此冷清的半夜来回想曾经如此热闹辉煌的过去，心中真是五味杂陈。想象一下那些穿着中式服装的古董商之间的神秘眼神和万般搞不懂的手势，就在这里，就在一瞬间，完成了千笔万笔生意，造就了谁也不知道达到天价的财富。人生莫不是一场梦吧！

上海文物商店这排楼，楼上也居住着一些居民。只是生活条件如外滩附近一般老大楼，附有公共卫生。在五六十年代的上海，已是居住者拿得出攀比的硬东西了。而其北面，紧挨着泗泾路上的是租界早期留至今日的绝美老建筑。

神秘的市场，消散的人群。但有些令人感慨的故事还是被人记录下来了。

1949年，中国发生了天翻地覆的变化，革命激流冲淡了人们对其他一切尤其是传统的兴趣，古玩界也风雨飘摇，有人选择离开，有人则坚持留守。离开也好，留守也好，大家都是几十年的朋友，所以在生意上，大家还是尽量保持着密切的往来。一些选择离开的，特别是移居香港的，还经常偷偷摸摸地回上海老朋友那里来收一点东西，拿一点货物，于是留守上海的商家与返回者达成了寄售的生意关系，这种关系超越了国家规定的红线，始终是灰色的，是不能上台面的。达成这种默契后，古玩商或收藏家，或多或少都会将古董交给返回者，让其带到香港去代卖，以维持内地江河日下的古董生意，聊补生活之需。返回者每次带出一批，卖掉了其中的一小部分，还没有卖掉的就留在了境外继续寄卖。在当时，整个香港导入人口激增，时局相对不稳，人们的头等大事是安顿生活吃上一口饭，古玩的买卖量根本上不去也是实情。留守在广东路的古玩商都知道这些情况也不论这些情况，继续供货，从不间断，因为广东路的生意已一落千丈，香港多少还能出售一些，多少有点所得。但是到了50年代中期，数年累积在境外的没有卖掉的古玩已经达到了可观的数字，面对越收越紧的内地古玩市场，返回者的返回次数也日益见稀，能够实现的销售更是少至又少。直到某一天开始,古玩商再也不见返回了,那批留在香港的有数量有规模的古玩,永远也追不回来。

这实际上是非常严重的走私行为,是在政府已经明令禁止下发生的。纸是包不住火的,上海文物界著名的"旧大奸商"走私案没有经过很复杂的侦探就被捅破,由此轰动了整个上海。参与者必须为自己的行为付出沉重的代价。

在惶惶不可终日的日子里,即便面临着如此紧张局面,面对着最严厉的惩罚,在留守的那批人之中,有人挺身而出,大包大揽,在自己无论如何要吃官司的情况下,将所有的古玩都算在一人身上,将所有的责任自己扛下。一个人吃官司,总好过几个人一起吃官司。上海的老江湖作派!

上海这个地方,特别是过去的年代,江湖侠气向来根深蒂固,所谓为兄弟两肋插刀,挺身而出,不乏其人,不缺其事,这种想法和做法,一向有其市场。这种人,上海人口耳相传,称之为"模子"。

结局是可以想象的:大包大揽者财物充公,被判重刑,发配到遥远的青海,那里也成了他最后的归宿;躲过一劫者,因为古董全部算在前者身上,破财保命。但造物主总喜欢戏弄人,光阴荏苒,几十年后,那些活下来的人在博物馆的展品中,看到那些曾经属于自己的文物,欲说难言了。比比那位命绝青海的"模子",

想必会流下感激的眼泪吧!

　　留守的古玩商们多数身怀绝技,在新时代来临后,最后的出路是为公家服务。一些人进了国营文物商店,另一些人则进入上海博物馆,成了仅有的文物修复高手,成为一代宗师,桃李天下。谁能知道他们身上还发生过这样的故事。

　　人生永远有些偶然,也需要有点运气。

四、大师们的身影

（河南中路—山东中路）

　　早期作为英租界通向老城厢的重要马路河南中路，在后来租界日夜扩张的过程中，变成了一条租界比较特别的马路。洋人们在路边曾经设立过的抛球场，所谓的抛球场，从现在来认识，大概就是类似棒球的运动，有专家专门考察过。总之，这是中国居民从未见过的东西。又因为河南路直通老城厢的北门带来的便捷，当时曾引来北门城内的大量居民驻足观看。这些旧迹，应在广东路的北面今天南京东路的附近，现在早已无从找寻。

　　对我们来说深夜跨过河南中路，因为车辆稀少，是轻而易举的事情，但凡路毕竟有风险，特别是河南中路还曾经是一条界路，是一个坎；既然是一个坎，对某些人来说就存在跨得过、跨不过的严重问题了。

　　不幸的是，1914年，商务印书馆创办者夏粹芳，就被人暗杀在河南路商务印书馆的门口，没有能跨过这条坎。这位对中国文化现代化进程出过大力的执笔的文化人，终究抵不过传说陈其美派来的手握铁器的凶杀者，倒在了河南路上，即便当时上海最现代化的仁济医院近在咫尺，也没能挽回他的生命。"寻衅有殊功，不使精神随物涡；捐躯付公论，独留肝胆照人寰。"章太炎写的挽联已没有人能记得了。最奇怪的是两家的后人碰在一起后还议过这一段公案，没有结论。清末民初的一系列暗杀，开创了上海一个凶杀的时代，陶成章、宋教仁，包括陈其美，那些个风云人物，都先后倒在了枪口下，令人胆战心惊，不忍回首。就连当时主管上海的郑汝成，双手沾满了革命者鲜血的人，也非常讽刺地在外白渡桥上，毙命于革命党人的枪口下。那一时期的上海，成了刺客们的乐园。

但是，生活还得继续。

人们在这里寻到了自己的生意，久而久之，渐渐安定下来。把生意和生活捆绑在一起倒是一种不错的选择。棋盘街区域，洋泾浜味道十足的英文名字 Ge Bae Ka，成了人们留恋的天堂。在广东路的南边，依河南中路为轴，棋盘街分东西两大块，东边的大约在20世纪初渐渐消失；河南中路以西的棋盘街，曾经幸运地被正式命名在一条上街沿只有一尺宽、仅能通行黄鱼车的小马路上，它大约又存在了近一个世纪，一直保留到20世纪的90年代，才在一轮旧区改造的

四、大师们的身影（河南中路—山东中路）

过程中彻底从地图上消亡。也有少数当地人，依广东路为界，将棋盘街称为南北两片，但这种称呼很少在正式地图或书籍中得到支持。

在对马路丽水台的风光影响下，茶园、茶楼的风气也"泛滥"到了广东路的这一路段。光绪早年间，有广东人设立"同芳居"的广东茶肆，就坐落于五马路的南侧，与其他茶楼同而有异，是比较出彩的广式茶楼，当时极受人们欢迎。广东人在上海的历史可圈可点，早年在老城厢里就到处可以见到他们结伙成队做生意的身影，在上海近代著名的小刀会事件中，是主要的角色。租界中稍见起色，他们马上见缝插针占有一席之地。他们与外国交往的历史要比上海人更长久。据《淞南梦影录》记载：

广东茶馆，向开虹口。丙子春（1876），棋盘街北新开同芳茶居，楼虽不宽，饰以金碧，器皿咸备，兼卖茶食糖果。

"同芳居"茶楼的底层出售有广东特色的糖果糕饼，茶座则有鱼生粥、蒸熟粉面、莲子羹、杏仁酥、蛋糕及叉烧或豆沙包子等广式点心，任客选食，售价低廉；茶式则多种多样，以乌龙最上品，深得食客的喜爱。"茶馆精良算广东"的竹枝词道出了广东茶楼彼时在人们心中的地位。

风尘迷茫,曼殊手捧着玻璃纸糖踯躅在五马路上

"同芳居"同时还出售一种放在扁扁玻璃瓶里色彩鲜艳的西式糖果,一粒粒晶莹剔透,特别可爱。据说苏曼殊大师特别钟情于此物,每当光临此间,除了品茶吃点心,童心未泯,都要买一点这种糖带回家去,说是法国茶花女也爱吃这糖,可见其爱屋及乌的痴情一面。他一度嗜糖成瘾,在他的日记中,多次见到其因吃得太多而胃疼的记录。他在广东路游来荡去时还是一个文艺青年,心心念念地寻找自己理想中的茶花女。曼殊大师在"同芳居"吃茶时,可没闲着。他在这里接触到许多新的东西,也发表过独特的见解来反映自己对一些新事物独特见解。比如对于多才多艺的京剧演员冯子和在剧中自弹钢琴并高唱外国歌《It's a long way》,苏曼殊撰文在肯定他唱功的同时,又内行地指出他唱得与《Meet in moon liglt》曲风太过相近,而实质上两者是有区别的:一首是民歌,另一首是流行情歌。这种评价,无论从学术或艺术的角度来看,都是令人心服口服的。大师毕竟就是大师,上海文化的台阶就是在大师们的批评下,一步步地向上走高的。而大师之所以成为大师,自有高人在背后指点,曼殊大师自认的亦师亦友是陈独秀。

"同芳居"和其他茶园一样,在租界扩大、城市中

四、大师们的身影（河南中路—山东中路）

右侧二楼,同芳茶居,广东茶点,曼殊当年进进出出,寻觅爱的感觉

心别移的过程中迷失,只是它比较幸运,一直等到民国时代。

广东路南侧最具特色的还是呢绒商店,不但广东路沿街隔三差五有,南边的小马路金隆街、棋盘街,用铺天盖地形容绝不为过,这一状况一直延续到20世纪七八十年代,在一轮新的城市改造过程中,才彻底退出人们的视线。后来一直在这里占有一角之地的是旗帜商店,直到现在老旧地方已经天翻地覆了,在河南中路的这一带,还能看见它们守候的身影。

元利食品商店,始创于清道光十九年(1839),也是广东潮州人开设在上海比较早期的店家。从年代上来分析，原来肯定在老城厢里。他家的食品以手工作坊式的制作，由马、庄两姓人所经营。1947年，元利产业易手，开设在广东路295号，主要产品有老婆饼、冬瓜饼、椒盐饼等数种。这些酥松的食品，不但年轻人喜欢，也同样赢得老年人的青睐。最令食客喜欢的，是葱饼。葱饼又分脆葱和软葱两种，脆葱饼牙健者食之香脆，软葱饼更适合老人，是元利的看家品种。若干年后，元利食品商店搬迁到近广东路的河南中路东侧，也就是现在的威斯汀大酒店的现址正门。经过数度迁移，现在终于在金陵东路近浙江南路上安了新家。百年老店历经磨难，能够保留下来也是食客们的福气。

而在过几个门面的广东路305号，曾是新加坡正兴公司设在上海的采购站，正兴公司在香港及南洋都设有分店，在上海采购后运至香港或新加坡再行转发，是1949年前中国图书海外发行的一个窗口。内地大小书局的图书它都感兴趣，年画、连环画等南洋一带传统喜爱的产品，最受青睐。

广东路的这一块现在已无任何商店和住家。那一处变成了一个巨大的变电站，毫无情感地占据在那里，在午夜时分低调而又坚决地拒绝一切回忆，让人感觉一丝冷酷又无可奈何。这个巨大的嗡嗡作声的怪物，没有任何亲切感。

广东路近河南中路的这一头，在东面古玩市场和

四、大师们的身影（河南中路—山东中路）

北面书店文化的合力影响下，全国性的商号纷纷在这一带设立分号，以荣宝斋、扫叶山房最为著名。扫叶山房19世纪80年代就在上海设店，"门面装着长长的落地窗门，推门入内，当堂排列着几张大书台，台上摊着石印的线装书。两旁是高高的橱，放满了石印、铅印或木刻本线装书"（俞子林《书林岁月》）。荣宝斋原来也在这里，据说1959年康生来过后，认为店堂太小。报上级后被安排到南京东路，它就是现在朵云轩的前生。

往昔旧的印迹从今天来看还存一点，除了河南路拓宽时有小部分拆除，整体上还是二三十年代的模样。被拆除的那一块有扫叶山房、广益书局的旧址，还有与苏曼殊有诗缘、文缘、画缘、情缘的陈独秀、胡适等人经常往来的亚东图书馆。

"仲甫，仲甫！"仿佛听到胡适在招呼独秀先生。

在这静静的夜里，飘荡在空气中的声音，越加透明，更加真切。

胡适没少在五马路上奔波，除了同乡汪孟邹汪原放叔侄的亚东图书馆要让他操心选题、出版事项外，早年，京戏茶

到街上去！陈独秀平常说话就像发命令

听戏，会友，逛书店，在五马路上，胡适过得很滋润

65

园也是他经常出没并放心于此间的佳处。《胡适日记》就有此记录：

是夜，出门为意君购物。至和记，遇李南坡、郑幼三诸人，坐谈有间。出至麦家圈，天大雨，卒不及避，急由五马路西行，欲至汪裕太避雨。途中雨益大，手中持物皆淋漓，遂入新天仙部小避。是夜本无心观剧，俟雨稍止即出。至裕太，遇杰甫兄，谈二时许。乃复至天仙，适仲实与魏叔明亦在，与仲实谈甚久，剧未终，予先归。

可见胡适在此熟门熟路，老熟客了。

广东路那时的徽商还是极多的，结帮成团的安徽人有一种天生互助的本能。他们工作在这里，便将生活一体化在此地，妻子是生意的帮手，大一点的儿女则是搭手，幼小的儿女则花费几个钱包个月，将他们安排在茶楼戏馆，从小接受戏曲熏陶。幼年的胡适受益同乡、族人帮助，也有在上海接受教育的那段历史；名声在外后，他对乡人的帮助也是倾其所能。日记中的汪裕太，他熟如自家；现在尚存在海口路浙江中路的"程裕新茶叶店"，那时在广东路也设分号，店的招牌就是胡适题的，与胡适也有很深的渊源。那段时间，和胡适一起在广东路提携他们的安徽同乡，还有柏文蔚、陈独秀等。柏文蔚贵为都督，却放下身段交结于民间，令人感慨；陈独秀更是出谋划策，身临其中。

四、大师们的身影（河南中路—山东中路）

亚东图书馆原来设址在福州路的惠福里，后转迁棋盘街平和里、江西路福华里。迁来转去，都在犄角旮旯弄堂里，从商业的角度来看，存在很大的问题，虽然有"酒香不怕巷子深"的说法，但陈独秀非常不满意，他要求将书店开到热闹的地方去，要临街。"到街上去！"陈独秀对汪氏叔侄喊出了带血的声音。他站在更高的角度来看待问题，这哪里是在指点，简直就是在发令。1919年，亚东图书馆终于如他所愿迁至广东路街角店面。

新文化运动的两位巨头来此时，并不像曼珠大师那样尚是文艺青年，而是意气风发、指点江山、争论主义、领导运动的主将。不久，他们发出的声音，全中国人都在倾听，非同小可。他们在广东路时，已经贮备了爆发大风暴的全部能量。广东路当时在整个知识界的影响力可想而知。

帮助无疑是互相的，他们为亚东图书馆带来了声誉，强者也同样得到被帮助者经济上的不吝支持。当胡适和陈独秀资金短缺需要调头寸的时候，亚东图书馆这个严格意义上的出版机构，就会及时预支给他们稿费。这种乡谊关系一直保存着。胡适和陈独秀等多数名流之间的争论也从来不避汪氏叔侄，大多数情况就发生在店堂里，谈话或激烈争论，每次陈独秀好像都有份，而且都是主角，正所谓名人自有名人的脾气。但这丝毫不妨碍他们私人之间的情感。陈独秀

照片右侧较高的楼房,为亚东图书馆、扫叶山房旧址,因河南中路扩建,现在已经拆除,只给世人留下个背影

四、大师们的身影（河南中路—山东中路）

及他的儿子陈延年坐国民党的牢时，汪氏叔侄星夜求救于朝中人胡适，胡适当仁不让，施之援手。虽然胡适托人所非，反将陈延年的身份暴露，害了他的性命，但这总不是胡适的本意。

据亚东图书馆的掌门人回忆，亚东图书馆迁到五马路以后，每星期六、星期日，陈独秀的儿子陈乔年必来，他也学着站柜台、做拿书、算账、开发票、打邮包、打大书包等一些店中杂事，在店中是个人见人爱的年轻人。大家包括乔年自己大概也没有想到，几年后，为了坚持信念理想，会遭到残酷致命的厄运。

五四健将在这里的思想碰撞，更坚定、完善了各自的思想体系，为他们思想上、行动上彻底分道扬镳作好了各自准备。这也同样出人意料。

在亚东图书馆，通过胡适的热情介绍，二十五六岁的徐志摩第一次认识了陈独秀。陈独秀身穿黄颜色的西服，里面是条子绒线背心，戴着一个帽檐下卷的帽子，据志摩描写像捕房的三等侦探，也就是上海滩的一个"小抖乱"腔调，与志摩想象中的形象大相径庭，令他大为惊异。可能也是陈独秀自我保护的结果。徐志摩在《西湖记》中写道：

彼坐我对面，我谛视其貌，发甚高，几在顶中，前额似斜坡，尤异者则其鼻梁之峻直，歧如眉脊，线条分明，若近代表现派仿非洲艺术所雕铜像，异相也。

69

而这个异相的人,已经指挥过了五四运动,并且当时成为一个新兴政党的总书记,如日中天。

河南中路广东路的那个转角,为什么被人们看得这么重?河南中路作为界路的历史自然是原因之一;亚东图书馆作为新文化运动的重镇,适应宣传的需要设立在此,是陈独秀的眼光;因为商务印书馆、中华书局都设在附近,也是重要因素。推及至19世纪下半叶,当时领导娱乐界的明星——花界的莺燕们,更是喜欢宝马香车招摇闹市,广东路的戏园她们绝对是常客,这里是她们最熟悉的场所。从这里马车一直要驶到大新街,也就是现在的湖北路,然后右拐,路过丹桂戏园,才向四马路左拐西去。也就是说,非得在广东路这时尚的地方逛一圈,这趟时尚之旅才算完美。

广东路那时绝对是风尚的发源地。

往西的286弄和300弄,是老上海著名的弄堂。现在300弄的弄楣上,腾空挂着"昭通小区"的牌子,里面有它本来的名字"公顺里 一九五三年"几个字,仿佛给人一个印象,公顺里是1953年造的。其实,在1876年出版的《沪游杂记》上就出现过这个名字。公顺里在初早有一家杭州人开的客栈老椿记,广告上写的是英租界宝善街88号。莫非这个宝善街88号,就对应今天的广东路300号?熟悉老上海历史的人都知道,19、20世纪之交出版的许多海派小说上,都有公顺里的大名出现。1910年它又被重建,属早

四、大师们的身影（河南中路—山东中路）

期石库门里弄民居。早期公顺里是有名的风月弄，文人雅士、官僚商客无不纷至沓来，在红粉香窝中醉眠不醒，不知今夕何年何时。软性小说家笔端的重要场景，小报新闻的固定专栏，都离不开它。1953年，这一场所进行了一次大修，结构上的改动不是很大，原有的木晒台改为钢筋混凝土晒台，其余为一般修理。该处三开间、双开间房屋的平面布局与同类型其他房屋相似，仅弄内17号一幢为利用土地，改建成东西向前后二进的石库门里弄房屋。单开间房屋经过拆改大部分无附屋，厨房做在正屋的底层，这是与一般单开间不同的地方。

半夜入弄，民居都熄灯了，黑暗中有一点别样的声音，使人心里打鼓，好在弄堂不算太窄。出来才感到和一般上海弄堂不同。上海的弄堂四通八达，而此弄一圈绕下来进口就是出口。为什么会如此？听说只有弄底人家才有小门通向昭通路（原交通路）。真是神秘。

借着路灯的微光，在"昭通小区"的牌子后，真的看到了"公顺里一九五三年"字样，字是从右到左安排，上面还有五角星图案。遥想那个年代，公顺里的名声确实不怎么样，是否希望通过这样一弄，表达断前新生、革新洗面的心情？

对公顺里，学界产生了极大的研究兴趣，也带来了莫大的争论。它到底是什么年代的建筑？它的名

公顺里隐藏着多少秘密，连弄名也被"昭通小区"覆盖了

字据说19世纪50年代就有出现，问题是现在的它是那时的产物吗？一种有趣的猜想说弄楣的"1953"是笔误，应当是"1853"，这近乎有点搞笑。王韬当时住在附近的墨海书馆，他在日记中屡次将其居住的这一带称为北郊，称之田园风景，偶有新屋落成。当时如果有公顺里这样大片的石库门，绝不会出此言，而且那时石库门尚未出现呢！

虽然如是，公顺里石库门的特殊形制，在上海现存石库门中还应该以前辈视之。支持它为20世纪初建成的观点。只是上海关注它的人绝少，流行界议起石库门，言必称田子坊、步高里，甚至新天地，多时尚之地。也许也庆幸这样，公顺里在城市建筑大变样的今天，尚能偏于一角得以保存，实在是万幸。

306号现在是一家叫维拉斯的宾馆，五层楼高的小店有一种欧洲的亲切感，可惜的是它已被改建，原来的大门砌了墙，将308号先前冠生园的门面作为进出的大门，310号作为附门，而312号原来的木工间，现在是专卖小学生读物的门市部。这栋楼照现在保护建筑铭牌上叙述，为30年代建筑。楼房本身是商务印书馆的栈房，50年代商务馆奉最高层命令北迁，这一物产由上海新华书店接管。新华书店把底层内部用作食堂，二楼保留磨石子大厅为文艺活动场所，三楼作为职工幼儿园。80年代流行开门店时，将原来308号冠生园的门面，设为特价书门店，像徐迟的《人海巴黎》、黄永玉的《太阳下的风景》都能在这里购到，一时店堂内人满为患；以后改造为有声读物门店，门前也是车水马龙。

除此之外有三个单位也在这里办过公：上海音像公司、书讯报社和上海新华书店的职工技术学校。上海音像公司后来发展成上海音像出版公司，在全国都有一定的知名度。《书讯报》原来附属于上海新华书店，发展壮大以后叫新书目，由市新闻出版局直接主管。上海新华书店的职工技术学校现在已离开了此地。福州路上海书城80年代的筹建处也曾设在此处。

往前是322弄的荣吉里,有东西、南北两条弄堂这也是一种特色。丁字形的两条弄堂用同名,在上海还是少见。最著名的117号双凤园浴室是在322弄底东西向的荣吉里。公共浴室在上海始兴于晚清,双凤园浴室虽然不是第一家,但也是少有的在19世纪就开办的先驱。1910年,主管者曾不惜巨资,从国外引进一流的洗浴设备,浴客可方便自如地按需调节水温,在当时独树一帜。公共浴室古罗马时代在欧洲早已流行,是城市文明的一个有机部分。上海开埠以后,公共浴室等文明卫生设施就被及时引入租界,当时南京路北有条弄堂叫作盆汤弄,就是以行业得名,这条弄堂至今还存在呢。广东路上比双凤园浴室早的还有数家,竞争也比较激烈,时至20世纪八九十年代,整个广东路仍然有好几家浴室存在。

荣吉里和山东路上的中保坊一样,给人更多的印象是小型出版机构多如牛毛,虽然都称不上著名,但出版的书籍有些还是给人留下了深刻的影响,像瞿秋白的《高尔基创作选集》、楼适夷翻译的法国艾克脱·马洛的《海上儿女》等,都出自荣吉里。秋白不但是政治高人,更是文化人,难得在广东路留下了人生足迹。适夷曾是太阳社前辈,"左联"成员,1949年后身为文化高层人士,也是跨世纪的寿星,想必也忘不了在广东路的那段出版岁月。

四、大师们的身影（河南中路—山东中路）

荣吉里322弄弄口边的324号，过去是专制印泥的璧寿轩。璧寿轩主人叫徐寒光，善治印、作画，精通印章买卖与收藏，更是制印泥的高手，据说其所制印泥之价胜过黄金。这样价值观对于一般人来说，简直是天方夜谭。"文化大革命"后，有人从美国带回一批三四十方名家印章在上海拍卖，其中有吴昌硕的作品，1897年所作"一边楼诗书碑帖印"，平头青田章，另有1904年所作"洞天长寿"，双龙瑞云钮青田章，两章边款竟然都有徐寒光的跋文，前者刻有"廿九年（1940）三月璧寿轩主寒光得于海上"，后者刻有"曾经寒光珍玩璧寿轩"。可见徐寒光的眼光老辣，收藏功力深厚。像璧寿轩这样散落在广东路古玩市场周围的店斋绝非少数。以其微小，或难以辈辈相传，失之记录者十有其九，加之一段时期贬之玩物丧志，即便后继有人，也不敢再造次。但冷不丁冒出来它的凄美的故事和流淌在转世品中偶然的痕迹，使人感动，拨动到心中最远的那根弦。

老去的砖木结构房子，一扇扇斑驳陈旧朱漆木门在眼前默默而过，不堪入眼，挑不起你一丁点再回首的欲望。但它会用年代的痕迹，用它的沧桑，用它的裂痕，还给你以它的温暖故事，令人油然起敬，永远缅怀。

老建筑永远留存着别样的委婉的故事，等待着我们静下心来，轻轻地摩挲，慢慢地品味，直到我们也慢

荣吉里弄口和幸存的璧寿轩旧址

慢变老。

　　仲甫、曼殊、适之、志摩、秋白、适夷……你们的身影一轮一轮地在五马路上转动,转动过我们的身体,也转动着我们的魂灵。这里还留存过你们青春的气息和体温,我们在这里,尚能与你们共同呼、共同吸,虽然时隔有年,但却是真实的,并且是如此真实啊!

五、海派之源
（山东中路—福建中路）

从山东中路到福建中路，广东路南边的建筑已旧貌改新颜。一家大的酒店和一处区政府及其部门建筑，涵盖了以往丰富的全部内容。一切崭新得无从说起。周围居民日见稀少，尤其是夜晚，寂静弥漫的世界，笼罩路人心头。这一段历史上虽然没有留下什么值得今天人们称颂的巨构高楼，好在北边老建筑大致还在，沿着山东中路北望，仁济医院还留守在故地，让人在失落中备感安慰，尚有可资回忆的情感依托。

在这静夜，耐下心来，让我们慢慢地搭点海派文化脉搏，拥有这种触动，拥有这种切肤之感，你比擦肩而过的路人更幸运。

19世纪40年代租界设立数年后，上海近代历史上的两个重量级人物麦都思、雒魏林在今天广东路山东中路，做了两件有深刻影响的事情：麦都思将全家

五、海派之源（山东中路—福建中路）

带到上海，一门心思投入了宗教传播，开设了一家墨海书馆（London Missionary Society Press），无意中可能是中国第一家具有现代意义的出版社、印刷厂，带来了现代化的印刷技术，虽然当时的印刷动力还依赖于牛，并且初期出品物仅仅是和他的身份相合的圣经，每天都有人从城里到此，为的就是看看牛拉"印书车"这个怪物；对雒魏林这个老随军医生来说，从广州到上海的这一路，中国已不再陌生，他将几年前在南市附近的医院搬迁到以他同伴名字命名的叫麦家圈的地方——当时的英租界内，开办了一家当时以他名字命名、后来叫仁济的西式医院，医院除了医病，还兼做慈善，是上海第一家非营利性医院。

麦家圈这个名字，是1846年麦都思在英租界山东路租得原业户徐彩章等地基起房造屋建墨海书馆后，才被人们俗称之。新址与雒魏林所设仁济医院为邻，或也有可能就在医院的大院内，为欧式建筑。砖木结构，两层楼，门朝南，有走廊。周围用竹篱围栏，种植花树，极富野趣。走廊的配备稍稍透露出一些有用的信息，一般先期到过东南亚再来华的，大都将走廊作为建筑的必要部分。麦都思和雒魏林还正是从那里过来的。

书馆的整套机器设备也是从老城厢里拉来的。设备当初来上海前遇到过一些意外，从新加坡经香港、舟山运到上海的途中，在舟山遇大水浸泡，经麦都思与其荷兰籍助手费罗柏（william Veloberg）、华裔助手邱添生努力了数月，在当地重新整理后才搞定拉到了上海老城厢。墨海书馆经过城内数年的活字刻制，到此地建新馆时，书馆已累积有活字近10万个，包含15 000个不同的字，一般图书的印制已无障碍，可以大发展了。果然，1847年8月书馆购买了一架新式滚筒印刷机到沪，印刷量大增。到1850年，书馆才停止自刻活字，改向香港英华书院订购。

麦都思、雒魏林来到这里时，从外滩到跑马厅的那条后来被称为广东路的小道还不通，这里尚被城里人称为北郊。过了数年，以福建路为界，路东，出现了宝善街，据说以这里曾有称为"宝善"的商店而得名；路西则叫作正丰街，是以曾有的"正丰酱园"而得名。当时它们还分属于私人的地盘。宝善街在上海近代史上闻名遐迩，开通后的广东路，就包含着这条大大有名的宝善街和正丰街。

陈伯熙的《上海轶事大观》对此有相关记载证实了这一点：英租界满庭坊……凡靖远街、上林里、月桂里、满庭坊一带，最初均为陈裕昌所有……当满庭坊兴建之初，纵横街弄，既为陈之私产，不入公路范围，于是声明有自由兴废权。

陈裕昌实际是商号名，其老板真实的名字叫陈煦元，是当时有名的"丝业"大王，南浔"八牛"之一，1828年生人，1889年去世。其壮年时，租界地产价尚

五、海派之源（山东中路—福建中路）

低贱，陈倾囊购入，筑屋食租，积久致厚，得以巨富。他性好慈善，不吝施与。有记载，福州路租界捕房刚设立时，各种设施尚不完善，短期被拘留者因卧具短缺只能席地而睡，常常因冷致病。陈煦元得知后，购毛毯送入捕房当作公用；又因囚粮不足，他每日到捕房按名亲自分发钱财给囚犯以购食物，延续了相当长的时间，成为周边有名的慈善家，赢得了工部局的尊敬。这是非常奇特的慈善行为，后来的慈善家好像都没有将犯人作为慈善对象的。

租界当局对于马路的管理在稍晚时已经开始。1854年8月10日，工部局成立后不久，董事会发出通告，"责令……一些户主拆除面对他们各自房屋的一切木棚、货摊等建筑"，这项工作很快在租界范围内开展起来。棚户、货摊都是租界的西方人士为了避城里小刀会的战争来到租界的华人搭建的生活设施，它们的临时性不容置疑，而且以营利为目的，但是它们也确实是置身于此的人安身立命的场所和希望。因为搭建者利益所在，拆除就成了一项十分困难的工作。

工部局董事会成员先拜访的是麦都思和雒魏林两位重要人物，可见他们是有足够担当的，通过他们以期达到让屋主放弃建筑用地来保证工部局完成道路修建的目的。工部局董事会还派人专门拜访英国领事，弄清自己划定道路权限以避免产生与领事的冲突；对任何人侵占所欲开辟道路路线上的土地并拒绝移动的，工部局请求领事来执行迁移决议。从这里就不难看清英国领事举足轻重的地位。如是，董事会成员多次拜访了麦家圈附近的几位房屋和土地业主，通过长时间的会谈、协商，最终说服他们向后迁移房屋围墙，保证了道路的修建。

但是，也有例外的。

由于广东路筑路涉及陈煦元这一带的私人领地，租界当局在拓宽广东路时竟在陈煦元领地处设大栅，路南陈煦元私人领地，仍然可以设摊位由陈煦元收租，而且私人领地内的一切不受租界卫生要求约束，全部由陈煦元自雇人员解决。租界对陈煦元的优厚可谓至极，可能是对他多多行善的回报。直到陈煦元去世后，满庭坊一带才为长利洋行、新沙逊两家所有。也就是说，从广东路定名后有20余年，它的近满庭坊一带，仍然是私人地界。

麦都思的儿子，英国代理领事麦华陀（Walter Henry Medhurst）因长期生活在这里，对这一地区的情况了然于心。1862年5月左右，他向工部局提供了两套租界内街道命名的新方案，其中的一个方案是用中国省名和城市名分别命名南北向和东西向马路，结果工部局采纳了这个方案，以这个方案定下的原则，竟一直沿用至今。正丰街、宝善街和北门街（North Gate Street）由此连成了一路，取名广东路（Canton Road）。这里产生了一个疑问，麦华陀的方案是用中

五、海派之源（山东中路—福建中路）

国城市名命名东西走向的马路，那么，怎么用"广东"这个省名来命名这条马路呢？原来Canton在洋人圈里"广东"就是指广州，但中国人认为那是指广东，所以在今天的上海，就留下了这一条东西向的省路名。北门街（North Gate Street）的名字也产生出许多歧义，在南市老北门的附近，有许多路都用过这个名字。这段历史真令人迷离。

当初，麦都思除了开设墨海书馆，还代表伦敦教会在仁济医院旁建了一所小小的教堂，由于当初这里是地广人稀的北郊，它在规模设计上显然是非常不合理，也可能是因为免费圣餐的缘故，与日后教徒数量的增长迅速失去匹配。老天安堂很快容不下了众多教徒，过渡的办法是与雒魏林商量利用医院的场地来解决，所以在医院听圣书也是那时的极其奇怪的现象。但这绝不是长久之计，新的规划迫在眉睫。于是19世纪80年代在苏州河边诞生了一座至今已划入外滩源的新天安堂。

老天安堂给人留下了深刻的印象。早期，登上楼顶，"江天空阔，帆樯在目，真觉一览为豪矣"。从叶浅予《速写人生》中得知："进入麦家圈，有座耶稣教堂，神父是个非洲黑人。教堂后面有个小花园，左侧有一座二开间的二层住房，楼下教堂自用，楼上两间出租，

麦华陀，英国领事，他所编制的租界马路定名，采用南北省名，东西城市名；南京，九江，汉口，福州，广州（广东），似无规律，实际上都是租界地或开放口，南京则是条约的签订地

右间是静山广告社的办公室,左间便是《上海漫画》的编辑部。"静山广告社是由郎静山开办的。郎静山,中国摄影学会创始人,先后在上海《申报》与《时报》担任中国最早摄影记者。他是一个美食家,经常拉着邻居叶浅予到处去觅美食。1949年他移居台湾时年事已年高,居然过了几十年后还能以百岁高龄回来看看,非常神奇。黑人神父是我们未所闻的,不知还能在过去神职人员的名单上查到他的名字否,在旧籍中,也有将菲律宾人称作黑人的。老天安堂旧址后来曾办过天安义务小学,20世纪50年代与其他小学合并成山东中路小学。"文化大革命"结束后,在仁济医院的一次扩建中拆除,旧址成了仁济医院的一部分,冥冥之中又重续了麦都思和雒魏林的旧缘。

仁济医院也是租界中的早期西式医院之一。主事者将慈善的功能也寓于其中。医院的工作时间超长,有别于当时的其他行业,晚上可能与茶园、酒馆同时闭门,给患者带来无限的方便。要知道它所处的地方当时人迹稀少,尚属郊外,生意学上属于无效行为。这种以人为本的现代理念,对于尚处在封建体制中的人们多少有所触动。

仁济医院、老天安堂分别从医疗和宗教上对上海产生直接或间接的作用;晚六七十年的静山广告社在中国绝对是开山者,有其特殊贡献;墨海书馆则因麦都思1857年回国去世而于1860年开始衰败,人们甚

五、海派之源（山东中路—福建中路）

至不记得它的详细情况，但它开创的文化事业在其周边星火燎原。更重要的是，墨海书馆有意无意中培养出一个放眼全球的中国人。

有这样一个人，曾"离经叛道"向太平天国输诚，令大清王朝怒下通缉令，使得麦华陀在忙于给工部局提供了租界内街道命名的两套新方案同时，还在大英帝国公使的要求下，向他伸出援手，将他庇护起来；这个人，先流寓香港后来云游欧洲和东瀛，成为第一个登上英国牛津大学讲台的中国人，并在香港创办了评论时政报纸，戮力拓展中国的世界目光；这个人，又在李鸿章等人的默许下回到上海，担任了工部局格致公学的山长（校长），康有为的著作都希望得到他的序言以示见重；这个人，连中山先生都欲通过他引见李鸿章；这个人，乡情极重，最后情愿老死在上海。至今为大多数人所陌生的放眼世界的先行者，就是王韬。

宝善街，也曾是王韬最大的乐园。王韬来墨海书馆是接替1849年去世的父亲的职业，也就是我们常说的"顶替"。从其心愿来讲还是认定科举这一路，不料阴差阳错，所以骨子里还是对洋人有所反感。寄身于墨海书馆他有苦闷也有快乐，他最希望洋人同事到远处布道，这样，他一天就可以优哉游哉，约几个朋

王韬，苏州人，十足上海爷叔，进入上海巷巷弄弄，熟似自己的家

友,进城喝茶醉酒,空谈国是,勾栏寻艳。

谁在青春年少时没有浑球过?但没有人想到,早期这样一个浑浑噩噩的人,在其35岁时,做了件让人瞠目结舌、惊世骇俗的大事。

墨海书馆的一大功绩是将麦家圈变成新闻、文化的代名字,它的城市影响辐射主要向北,以后的福州路文化街、望平街报馆路风起云涌追寻源头,莫不指向清晰;从此也开创了海派文化,让上海搭上了与经济发展并进的文化发展的特快列车。如此风云变幻大风飞扬的年代,在现在的广东路,竟然了无踪迹,或仅星星点点,让人喟叹,令人怅惘,使人迷茫,叫人扼腕。

站在广东路山东中路口上,再也看不到望平街时报馆的宝塔楼了,四马路文化街的标志性建筑,那一路贯通下去林立的报馆,喧闹的人群,熟悉的叫卖声,此刻竟凝固在夜的空中。时报馆的宝塔楼文革期间被铲平三四层,仅剩楼身;美术书店时期,尚有书香可闻;归于外文书店后,一度成了外文影印本的世界,趋之若鹜的人群恍然对文化街有中兴希望;可是到了90年代,它竟被连根拔起,唯见新楼。望平街也了改名,如今只剩1918年申报馆这个唯一旧址,临近的汉口路274号新闻报馆(后解放日报旧址)也在21世纪前后被更替。

广东路命名后,原来宝善街一带急剧的发展变化,让人目不暇接。1866年(同治五年),上海的第一家以京戏为主的剧场——"满庭芳茶园",在路南建立,同年,"中国火柴大王"刘鸿生的祖父刘维忠在稍西一点创办了当时上海规模最大的"丹桂茶园"。复兴园酒楼等餐饮业则在对面马路陆续开业,新式的公共浴室也趁机开驻进来了,东贵兴里(今广东路380弄)等地被书寓当仁不让地占据,整个广东路立马成了口耳相传令人向往的娱乐一条街,吃喝玩乐,一应俱全。其中最具海派风格的要数京戏茶园,这一段粉墨春秋是一代上海人心中抹不去的最美回忆,并传至数代,形成一种娱乐风潮;林林总总、骇人听闻的八卦新闻,增添了娱乐色彩的同时,也将它的影响蔓延至上海的角角落落。近代上海文化业或称之娱乐业的第一次浪潮由此掀起。

是京戏将五马路推上历史最风光的高点,那时刻,沪上没有一条马路能出其右。

满庭芳茶园,据考坐落在后来广东路南边的441号位置,延续有相当长的年份。《绛芸馆日记》1875年七月廿一日记有:

乙卯,晴,薄暮微雨。至科署闲话,海蛇亦来。饭后,往丹桂看戏。戏散,同访良卿于爱卿家略坐。海蛇先辞去,余与良卿同行。途遇秋甫,同访德仙、南卿,适鳌峰亦来,谈至日暮。往约筠坡同至复新园夜膳。饭毕，与秋甫至满庭芳看戏，践子勋之约也。丑初进城。

这是满庭芳茶园诞生近十年后的记载，可以看出满庭芳仍然还是弦歌不断的重要娱乐场所，午后至午夜都排满了戏，看得出绛芸馆主人乐此不疲，下午夜晚连轴看戏。这种痴迷亢奋状态，在现存的十余年《绛芸馆日记》中随处可见，充分反映了五马路当时的茶园氛围之热烈、滚烫与人们有序生活的状态，从容平和的处世态度，意满志得的精神状况。

满庭芳开幕时，从天津邀来京班演出，"此京班到申之破天荒，楼上楼下统售一元，沪人初见，趋之若狂"。建茶园、邀名角由此在租界滥觞，成为一种时髦。在成功的样板下，各种京戏茶园如雨后春笋出现。

大好年华。

人们浸淫于此，饭食不甘，忘记了尘世的一切，将虚幻当现实，将全部生活赋予极度的亢奋。茶园，作为平台的提供者，也倾情铺张。

事物总有两面性。火爆热闹也带来了无序竞争，无序竞争反过来使满庭芳的经营业绩大打折扣。为了生存，它尝试开辟新领域，昆、徽、梆子等戏种无一不试，但效果显然不佳，穷极时甚至已加入灯彩、烟火等非常规手段为号召，总之，在经营上尽其所能

五、海派之源（山东中路—福建中路）

使出了浑身解数，但不幸还是收效寥寥。光绪六年（1880）初，戏园翻修后只得租给升平京班，被改名成升平茶园。光绪八年（1882）二月又恢复满庭芳仙记茶园。此后又多次更改业主、更换园名。后遭火焚毁，改建住宅，地名也借称满庭坊。

《绛芸馆日记》提到的另一丹桂茶园，也是最早期的著名茶园。更有一种观点：丹桂茶园才是邀京班来沪的首创。

丹桂茶园系浙江定海人刘维忠所创建。他于同治五年（1866）集资四万五千两银子，并向兆丰洋行贷银六千两创办该园，第二年正式对公众开放。他个人与北京戏班关系密切，与三庆班的程章圃交情极深，他曾亲自从北京请来夏奎章、熊金桂、孟七等名演员，一时轰动上海滩。见之卓有成效，第二年他再次亲赴北京请来景四宝、大奎官等名角，由此开创了北京名角南下的先例，一发而不可收。上海天高皇帝远相对宽松的气氛令人驻足，不少角儿乐不思蜀不再北返，长期滞沪，如夏奎章、熊金桂、田际云等，并在上海搭建了自己的戏班。海派京戏的端倪出现了。像夏

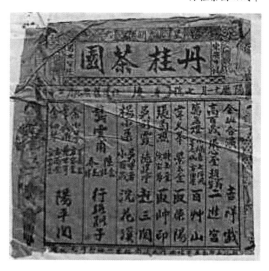

丹桂茶园旧戏单

奎章的儿子夏月润、夏月珊更是戏而优则商,主持经营起自己的茶园丹桂第一台。后来夏氏兄弟更向南市发展,在十六铺、九亩地创办新舞台。北方演员适时南下成了习惯,北戏南驻有了可能,这不是几个人,而是一大批人,正是通过这批批人的努力,使得海派京戏入流成派。

丹桂茶园在经营方面也有自己独特的地方。为了吸引观众,它除了免费供应香茗、热毛巾,半夜还供应点心,因而赢得观众长盛不衰的青睐。

但丹桂茶园最后还是倒在它的负债经营上。到1873年,即同治十二年,贷款到期,按合同必须一次还清本息,刘维忠没有如此大的流动资金,出路只有一条,出让茶园。但丹桂茶园作为祖字辈对后来戏园影响极大极深,以后以"丹""桂"为名的茶园戏园屡有出现,甚至还有女丹桂。

丹桂茶园退出的另外原因,无非是竞争激烈,名演员争夺是焦点。如后来的金桂园崛起,无非是觅得色艺超群的杨月楼,引得一批教坊女倾情捧场。而教坊女实则已成上海风气之先,她们的喜好,她们的装饰,无不是时尚风潮的引领者。大量观众的分散、流失,也是丹桂茶园倒闭的直接原因。

在观戏形式上,租界中的戏园创新意识相当强烈。首先取消了北方的观众围桌方式,采用半围式,即正厅中仍安置木桌,但面向舞台的这一面不坐观

五、海派之源(山东中路—福建中路)

众,这一方面解决了观众转身观戏的麻烦,更重要的是体现了观众对台上演员的尊重,从此戏园台上台下大家面对面,促进了演员与观众的感情交流。

在吸引观众的方面,采取了边厢半价的优惠;场后如有空地,安放骨牌凳,给陪同主人来观戏的婢女或侍童坐,并不收分文。所有观众饮茶都不收费,只是茶杯不同便以定座位,正厅、边厅、包厢用白瓜楞盖碗,边厢则无盖。洋人也有观戏者,需加小费,同样用白瓜楞盖碗,像丹桂茶园,还专门设置西客包厅。但对于通过叫局方式来此观戏的教坊女,非但要加小费,茶碗颜色也有区别,为绿色,以示与良家妇女不同。但这种羞辱性的安排不久就发生了戏剧性的变化,反客为主的教坊女很快将此作为她们引领时尚的舞台,这种安排反而成为她们有别于一般人的明星式标记,成了戏园的风云人物。她们出局听戏时,十分注意翻新自己的服装式样,容貌化妆有致而不像堂坊间娇媚;她们有选择地捧角儿,并非常善于利用与角儿的暧昧关系,引起社会更大的轰动,使自己挤入明星的行列。甚至和角儿合璧成双,自己开办起戏园。而戏园方也乐见其成。

这确实是上海历史上第一个值得关注的十年。

战争结束,租界初创期的各种不便渐行渐远,城市的夜晚已被路灯点亮,祥和安静的气氛中弥漫着各种夜生活的气息,租界的吸引力越来越显现。从广东路到老城厢虽然不远,但最少要步行10来分钟以上,人力车适时流行于上海,胶皮轮胎无声轻快,使得生活更加便捷舒适。京戏恰逢其时地在这里生根开花,特别挂味的京戏培养出了祖一代城市追星者,这些痴迷者大部分住在老城厢,即使有些生活在租界中的人,从源头上追溯,也是不远的时间从各地来此避难定居的,或从做生意的角度来此歇脚的。从习惯到自然,越来越多的人开始向租界迁移,原因只有一点,那里有更多的生活热情。

这种热情从一开始就来自整个社会,而不单单是某一阶层。社会的角角落落都在谈论着昨天的戏剧情节,谈论着响亮的名头,哼学着昨天的唱板,谁不看戏,就找不到话茬。人人争相传唱,"甚至市井儿童,皆信口唱二黄调,风气移人,一至于斯"。这种现象陈陈相因,现代万人同论一个电视剧,和当时绝无二致。京戏几乎成为人们交际的流行语言。

疯狂的京戏从戏园发端,演绎出了现实社会的许许多多喜怒哀怨的故事,这且不说,光是京戏为了迎合上海人的口味而作的变动,就值得充分研究。连台本戏,就是专门为吸引上海市民而设计的演戏方式,像章回小说一样,每场演一个章节,欲知下情,请观下一场,整个社会欲罢不能。武戏也是京戏登入上海滩的敲门砖,听不懂没关系,轻唱重演,一定让你看得入迷,一步一步让你入门。它改变了偏重唱念的北方

五、海派之源（山东中路—福建中路）

传统，融入了强调做派和表情的上海元素，深得人们喜爱。

在潜移默化中，京戏成为人们生活的一个必不可少部分，甚至成了人生的一部分，产生了票友一类松散京戏组织。固定的观众，专业的演员，由此而形成海派一门。对京戏的相对成型与固定，进而确定为京剧，上海也有独特的贡献。更可贵的是，传统的宗法门派，在海派的兼收并蓄影响下，有了交融，碰撞出新的火花。

京戏的流行点燃起全上海的娱乐热情，培养了一批娱乐业的固定消费者，他们（或者更确切的是她们）从此为热爱的角儿奋不顾身。最出格的是名角儿乘坐在包车上，一些迷恋者不惜勒下自己手上的钻石金戒抛入车内，以表达自己的热情或爱意，完全陷入疯狂。

半夜，某弄内已悄然无声，冷不丁也会冒出一句京调，定是哪位禁不住，哼着哼着灵魂出窍，这是人生最畅快的声音。不论它出自腰缠万贯、饭饱酒足的商贾，还是筋疲力尽、饱一顿饿一顿的黄包车夫，都充满着人胸中块垒顿除后的喜悦。

这真是一个难以消停的疯狂的世界。

京戏置身于茶园，而茶园建筑由于早期木结构的基因，火灾频仍，难以避免。当时流行哪家茶园上演《走麦城》，必有祝融光临的说法，吓得这出戏没有上演的机会。早期茶园、戏园倒闭于火灾也是经常有的事。在全民皆戏的大好年代,必须克服和攻克难关的就是古老的茶园建筑本身。

这种恐惧也影响到了租界当局,虽然租界已经准备引入新式的消防器械,但在治标治本的问题上当局有自己的经验。工部局派测量员克拉克、雷士德等进行调查,对茶园的主要出入口的数量、门的尺寸大小、开门的方向、墙及地板的厚度、楼梯的数量及宽度、煤气灯安置的位置、茶园与周围建筑物距离参照西方国家的规范制定强制要求。但具体落实就不得而知。不得不承认,这些带有西方色彩的具有标准化的规则,在城市发展过程中具有建设性的作用。这种规范性的强制要求至少对中国人来说是比较新鲜并难以企及的,其中有一个对抗和部分接受的过程,并通过这一过程得到某种认可加以固定。对于测量员雷士德来说,这一工作得心应手,更是其了解中国的第一步。

雷士德,南安普敦人,按照现在的授奖标准,他可能会得白玉兰奖

雷士德,来自英格兰南部的港口城市南安普敦,建筑学学士,当时也就二十七八岁。由于他的几个兄弟都早夭,内心深感恐惧。不知是对逃离当地的迫切或是对东方神秘的向往,几年前和马立师一起从英格兰乘船来到上海。他做

五、海派之源（山东中路—福建中路）

测量员的工作也就是1867年至1870年的三年工部局服务期内，正是京戏在五马路上热火朝天的年代。谁也没有想到以后他竟担任了法租界、公共租界的董事，并且接收下了从英租界设立以来惯于吵吵嚷嚷的地产大商史密斯的全部房地产，竟成了大名鼎鼎的德和洋行的合伙人。麦家圈的这段工作经历使得他对这块地方产生了特殊的感情，直至他临终前，他将自己即将成为遗产中的一部分捐给了仁济医院，仁济医院一度改用他的名字。他是少数租界时期值得人们怀念的无私的西方人，他终身没有结婚，将全部遗产留在了这个城市而不像大多数人转移到国外，自己也葬在上海。据说他的基金会至今还在为华人留学生提供经费。令人感慨。

及至20世纪三四十年代，五马路这一带的茶园已经荡然无存。或有垂垂老矣者来这里指指点点，一切早已成追忆。到现今，连同那些小巷小街如西上麟街、靖远街、月桂里、芜湖路，也无影无踪，并且在城市记忆的片段中，也难见其身影，让人无限感怀忧伤。

当年依托洋泾浜出脚的便利，这些个小巷小街在上海开埠的早期就已存在，它们像是大上海身体内的经络血管，虽然细微，但直通心脏。西上麟街、靖远街、月桂里南北走向，与芜湖路连绵相交，其中包含着满庭坊、大吉里、广福里、金玉里、金寿里、源泰里等著名里弄，整个地块混杂着一般民居和多种多样的店铺,形成了各式各样的街景。其中传承着昔日洋泾浜码头多客栈的旧习,当初,这里大大小小的旅社、客栈数不胜数,布满了大弄小巷。随着年代变迁,一些旅社、客栈转作他用,但传统留下的记忆或习惯的使然,外地客旅来沪的落脚点,仍然放在这一带,因为除却昔日码头的便利,从城市的地理位置来说,无疑是中心地位。

近代小说家包天笑在《钏影楼回忆录》中,记叙过客居在宝善街鼎升栈的故事。为了生活和工作的方便,他将鼎升栈小亭子间的两个铺位一起包下。小亭子间的窗外有个月台,隔了一条小弄堂,窗对面正好是对面房子的月台,伸手可及,而对面那家正是长三堂子,有三四个十七八岁少女。包天笑当时二十来岁,但从未涉足过青楼,见到她们就脸红,她们笑称他"书蹙头"(沪语,即书呆子之意),有时装出他近视眼看书的样子嘲笑他。后经曾在对面吃过花酒的熟人介绍,认识了其中一位同是苏州人的阿金姐。双方相识后,在隔月台常见面时互不尴尬了,还打打招呼,阿金姐的美丽渐渐印入包天笑的心中。后来一次在回苏州的烟篷船上偶然邂逅,阿金姐为他摊被头、同吃饭,并且在通铺中邻铺而睡了一晚,种种体贴入微,才真正拨动了包天笑的心弦。包天笑坦言自己恋爱了,并且自嘲是单恋。

像这种弄堂客栈,与一般民居贴近,增加了人与

五、海派之源（山东中路—福建中路）

人的接触的机会，人们的感情交流融入日常生活，极易产生爱情，而不像现在大家独门独户，比较封闭，爱情没有了环境的支持。包天笑还记叙了一个朋友在弄堂发生感情。雅叙居是一家苏州女人开的家庭式弄堂小客店，当家男人早已去世，手下也只有一个金贵的女儿，女儿十八九岁，上过几年私塾，正是情窦初开的时节。包天笑的朋友则是日本留学回来的翩翩公子，是见过场面的逢场作戏客。公子有意，女儿那里抵挡得住，有意思的是两人为了避开女主人，也是通过贴近的窗户，偷闲相谈。但几次都被女主人喝停。难怪包天笑的这位朋友哀叹：在日本，房东家女儿，虽共相调笑，了不足怪。这也是上海家庭特有的对女儿的规矩，因为周遭坏样太多了，所以家长对女孩的教育尤其严格，时刻紧盯，直到女儿出嫁。

《夏鼐日记》记载：

1946年3月11日，星期一……火车9时起程，下午4时半抵上海北站。天下细雨，呼车至四马路吉升栈，已经客满，皆为外埠来沪办货之商人。余于细雨中，提一箱一皮包左找右寻，最后始于小客栈（五马路西上麟街52号新悦来栈）找得一房间，已是筋疲力尽，写一请假信与傅先生，出去用餐后，即睡。

夏鼐是中国著名的考古学家，从北火车站出来，也习惯性地来到这里。从他当年的周围情况看,西上麟街有新悦来栈在52号,隔壁54号为大发栈,64号、66号顺泰旅馆,满庭坊4号有悦来大旅社,芜湖路上有老日升栈、日升旅馆、洪福旅社,可供选择的住处还真是不少。郁达夫写中篇小说《她是一个弱女子》也在五马路的一家小旅馆写成,真是令人意想不到,广东路的小旅馆有这种功效。

山东路广东路的街角341号,原来是南长丰呢绒绸缎局,后来改店名益民棉布商店,褐色的门窗框和净亮的大块玻璃橱窗气度非凡,经营呢绒、绸缎、化纤布、棉布等商品,在物资紧张的年代,绝对吸引人们的目光。20世纪六七十年代,在布票和专用券流行的岁月,布匹是成捆地放在木质的玻璃面桌上任顾客挑选,发票置于玻璃的下层,伸手可取。当顾客选中了布料后,经常像朋友一样向营业员讨教做什么需要买多少,在确定之后营业员丈量好尺寸顾客付费,营业员将钱和发票一起夹在铁夹上,通过一条细铁丝滑到夹层楼的收银台,收银员取钱后将找回零钱和盖章后的发票仍然放在铁夹上,居高临下滑回原处,再由营业员交还给顾客,在这个过程中营业员早已将布料折叠好,包一张牛皮纸,用一根褐色的纸绳子轻轻地捆扎,发票、找头、商品一起交给顾客,买卖才算告一段落。

旧时的布店营业员,还要承担为顾客配零布的服务。那时扯一块布做一件衣服是件大事,只能偶尔为之，更经常的是修改旧衣服，这时营业员是好参谋。衣服翻面、裤子掇裆他们会给你好的建议帮你找到合适的零料，衣裤口袋的里衬也可以帮你零料利用，包括衣领翻面，等等，都是50到90年代布店最重要的服务项目。

据说，早先这里有两家祖传男袜店，历史悠久，生意兴隆，但长年吵架，终年涉讼，都指责对方为冒牌，后来进口洋线袜一来，两店同时隐退。疑心是两家长期在炒作。二马路"天晓得"两兄弟也使用过这类技法，后来被公之于众。

369弄是金寿里，旧时也是绸缎商人聚集的地方。孤岛时期家住5号的绸缎商人刘恒，为了糊口撑大胆子，什么地方都敢去。一日去沪西，不料军统正在那里除奸，被流弹击中胸部，无妄之灾奄奄一息，由公共租界捕房救护车送至同仁医院急救，抵达不久，即告殒命。当时金寿里的人们不明就里，恐惧万分。所以那时的小商业者，无不视沪西为危途，不敢贸然前往。

373号是怡丰袜厂旧址，原为宝善街544号，底层极高。后来不知什么时候成了广东路第三煤炭商店门市部，安置了大型的制作煤饼机器，每天隆隆作响。因为地处西上麟街弯口，仿佛店面特别宽阔。楼上一家住户，在沿街阳台上种植了一株老石榴，夏日红花，秋日红果，羡煞路人。这一片动迁后，人面桃花不知何处。

389号的广大药房，原是有名的日商重松药房，

广大药房开幕照,按照文献记载,黄金荣也出席,但照片中不露真身

有较大的门面,1946年8月15日,上海广大药房在此开业。当天还举行了盛大的仪式,花篮、爆竹、锣鼓一样不缺,店堂外挂满了彩色"盘尼西林真灵""维他斯保命"等条幅,整个广东路因此又热闹非凡。店门前人头攒动,大家都在张望着来宾,原来黄金荣也被邀请到场,大家都在猜想这家店一定和帮会有关,一班哪里热闹就来哪里踩场子的地痞流氓只能干瞪眼,整个场面的效果达到了主持者预期的目的。卢绪章的出现实际上是亮出了底牌,不过人们只是在几年后才真正了解这位"红色资本家"的背景。这家药房的实际"老板"是中共地下党上海局书记刘晓和组织部长张承宗,店内上至经理,下至一般办事员,都是地下党。当时,以"广大"为名,中共地下党办了一系列商户,一方面是为地下党作掩护,另一方面则是为夺取政权后,培养一批管理干部。邀黄金荣主要是给人错觉,好像和帮会有什

么关系，一举二得，将小喽啰也给镇住了。

广东路这一带有许多申庄，也就是外地商号在上海的派出机构，其中不少是中共地下党的。上海市妇女联合会前主席赵先回忆中就有这样的记载：

1942年11月初，刘晓同志通知王尧山和我，晚饭后到南京路四川路一家旅馆集中，我们如约到旅馆后，刘晓同志已开了两个房间，一会儿，张本也拎了只皮箱来了。次日黎明，我们四人分乘两辆三轮车到广东路一家商号，店堂里不见有什么货物，像是做转手生意，上海人称之为'申庄'的地方。天未大亮，电灯还亮着，由两个商人模样的人招待我们，说小开（潘汉年的别名）就要来的。不一会潘从店堂后面出来，似乎住在商号里过夜的，穿着一身时髦而合身的西装，外加秋季大衣，派头很大，俨然是个洋派经理的样子。

刘晓、王尧山、潘汉年都是中共要员，也是上海地下党重量级人物，他们在广东路上设点，也充分说明广东路三教九流的复杂环境，有利于地下党组织活动的开展。

往西的月桂里，是后于广东路开辟的小路。起初也仅属于小巷小道之类，1917年因为广东路转角口开设了王大吉国药号而命名为王大吉弄。

王大吉弄周围全是戏园、书寓青楼的热闹世界，与之相关的社会新闻层出不穷。伶人与靓女时有故事发生,台上才子佳人,台下你侬我依。宝仙戏园的青衫子金兰卿与居住王大吉弄内阿玉的艳事,当时就被媒体大肆披露,轰动整个上海,几乎到了要见官的程度。这实际上只是冰山一角。这些层出不穷的丑闻对社会负面影响极大,对戏曲事业打击更大。

王大吉弄最出名就是20年代发生的阎瑞生杀妓女王莲英事件。因为王母就住王大吉巷内,在过街楼上还有阎瑞生的妻室住处,只因妻子与他不和,早就回了娘家。工部局巡捕房在这里布网欲擒,狡猾的阎瑞生来过以后还是乔装打扮趁夜溜掉了。

当时许多有教养的家庭以此作为教育子女案例,一般家庭也自然要求严禁嫖赌,认定是罪恶根源:王大吉侬伐好去!广东路王大吉弄几乎成了禁区。

20世纪30年代王大吉弄改称月桂路,1945年12月改月桂里。

月桂里有名的,是65号的豆腐店出产的臭豆腐。要制作上佳臭豆腐首先取决于臭卤,臭卤的配料有野米苋梗、竹笋根、鲜草头、鲜雪菜、老姜、甘草、花椒,豆蔻、芝麻等十来种原料,前期用料十分讲究;前店后场是其最大的优势,臭豆腐有多种烹制法,这里独钟情于油氽,因为有店堂优势,可以趁热当堂吃,香气扑鼻风味极佳。豆腐店有自己的商号,但因为坐落在王大吉国药号的王大吉弄,大家都称它王大吉臭豆腐,

五、海派之源（山东中路—福建中路）

而实际上完全是两回事。

王大吉国药号1925年9月建成的新楼，在广东路433号旧址，一直到20世纪90年代作为旧里改造才推倒。20世纪60年代，被群力草药店入住，由此开始了它的一番轰轰烈烈的事业。群力草药店前身是"明济堂"，经成都北路等地辗转而来，创始人是草药郎中马恒永，早期曾跟随熟悉民间草药和积累民间土方的医师，学到许多"绝招"。

群力草药店的店门外观如同一般的石库门，只是规格上更加高大；店堂好像是石库门的客堂翻版，只是顶部被完全封闭。人在店堂，一股浓浓的中草药味

群力草药店现在在金陵东路上继续为大家服务

弥漫在周围，仿佛不治就能痊愈。群力草药店聪明之处是不但售药，还能问诊，与一般药店光是售药有很大不同，虽然当时服务还不能转化为利润。这一点大概与其创始人实干出身大有关联。当时店中问诊为辅，售药是其主要业务。周围居住的居民平时买点松花落叶散，端午买点干艾草，夏天买点十滴水，还是比较方便的。到了七八十年代，问病卖药的格局渐渐有了变化，问病的人数大大增加，群力草药店的营业重点也移至问病配药。群力草药店之所以能够吸引患者，主要还是人才留存上有优势，60年代先是上海市卫生局及药材公司委派三位老药工进店，共同开展草药经营业务。原"明济堂"老药工邱光煜在草药采集方面是行家里手，后来上海市卫生局邀他去南方六省采药，历时三个月，获得更多草药品种和防治肿瘤的经验。通过一进一出的交流，提高了药店的业务水平。在学术上，该店也有所建树，在中山医院护士学校师生协助下，将该店曾经出售过的草药来源、品种、规格、用途以及验方、秘方，整理成《中草药处方汇编》。同时还努力挖掘民间传统土方，又增加了许多个草药新品种。为了普及和推广中草药，群力草药店还曾举办"草药展览会"，展示常用中草药的标本及盆景共150余种，分别介绍名称、别名、药用、产地，这在同行中是一个了不起的创举。

通过一系列业务交流，群力草药店在广东路433

号时就形成了以防治肿瘤为主,兼治肝炎、肾炎、关节炎等疾病的医疗特色,为其以后业务飞跃发展奠定了雄厚的基础。90年代由于广东路旧区改造,群力草药店迁至金陵东路,业务发展突飞猛进,问诊者竟需通宵排队才能领到挂号单。

群力草药店的离开,使广东路少了许多往昔的特色,令人惋惜。

与广东路这一段南面全部推倒重来不同,北面的建筑大都保存旧时的面貌。这一带民居中,有许多曾经在上海人中口耳相传的地方。前面谈到的老天安堂是一处,复兴园是一处,东贵兴里是一处,江苏旅社是一处,靠近福建路的紫金坊更是当时名传天下的地方。这一带,旧时据说也存在群玉坊的名称。

从山东中路起,转角处是一家上海随处可见的烟杂店,这种烟杂店在相当长的一段时期内服务的项目很细,1分钱两根橡皮筋、2分钱一块橡皮等都是它的生意,零拷的生发水、雪花膏也是它的服务内容。最奇怪的是香烟可以拆封零售,2分钱可买三支"勇士"牌,整包二十支1角3分;5分钱给你两支"劳动"牌和两支"飞马"牌,"劳动"牌整包二十支2角2分,"飞马"牌整包二十支2角8分,算得很精细。它的店面很小,需要货物流转得很勤,所以店门口经常停着一辆"孔明车",它和我们经常看到的"黄鱼车"不同,"黄鱼车"是人在前货斗在后,"孔明车"则是人

五马路：从外滩到跑马厅

这个路口左边的烟杂店，
早已沦陷

在车斗后骑，货物则置于眼皮底下，非常安全。因为人在后，远望上去似乎人在推车，所以称之。"黄鱼车""孔明车"在20世纪90年代前是非常重要的人力运输工具，一般小店小铺都拥有，或是几家合一辆，连小的学校也配备以防不时之需。当时，人们的出行很少使用汽车，除非去远郊一般都使用人力三轮车。这种状况和黄包车时代衔接，延续了百余年、造福数代人。

广东路356号普爱坊，原来有一家悦来南北货

五、海派之源（山东中路—福建中路）

号，后来改为王仁和食品厂。王仁和在福建中路近广东路坐西朝东的街面有一家四五开门面的门市部，每年中秋，它将特色五仁月饼、金腿月饼、百果月饼推上市面，平时出售云片糕、蜜三刀、油果、米饼、葱油桃酥等，也是这家已经消失的食品店的仅存记忆了。

366号的南洋袜厂，设立于1916年，是一家至今有百年历史的老厂和老建筑，与南京路曾经开设在"沈大成"边上的"南洋袜衫商店"是同一老板。此地为单位宿舍，从底层安设了一排水龙头的格局中就可以估摸出，有一种苍老久远的意味。

374号，虽然门号与南洋袜厂差几位，实际上是贴墙的邻居。原址有过一家百年饭店，店名叫复兴园。早在1876年出版的《沪游杂记》上，就能读到其名，也是上海较早的老饭店，有时也写作复新园。比较特别的是以鸽子入菜，鸽子作为家禽类入菜，在晚

"复兴园"三个字，需要仔细观察才能看清，但广东路上的有轨电车钢轨却异常清晰，从行驶方向来看，是到东新桥的

清仿佛很寻常。当时许多酒馆饭店门口都设笼圈之，不见异议。

早期除了操办宴席外，复兴园的情况还和周围的茶园略有相同，有京戏堂会，食客边享美食，边欣赏京戏风采。据记载，有厅室数十间，中为正厅，两旁为书房、厢房，装饰精雅，挂满书画；现在的饭店一般设以圆桌，那时大都数饭店则设八仙桌，一桌八人为限；如设小席一二，以花鸟屏风隔围。大门口张灯结彩，鼓乐迎送。每天上灯后，客人纷纷来前来，路旁肩舆排列，持红笺叫局的人穿梭其间，极有场面感。顺便说明，那些肩舆，就像现在的私家小车，一般为个人所有。

光绪年间有在复兴园有一次摆52桌、招待400多人的记录，可见它实在是个规模不小的饭店。在日清公司做买办的画家王一亭为了揽得大宗业务，他经常宴请各报关行业主，多次包下广东路复兴园菜馆上下楼全部席位，每次几十桌，手面十分阔绰。王一亭，号白龙山人，清末民国间上海著名社会活动家，曾任上海总商会主席，在佛教、海派书画艺术方面也有很极大贡献。现南市尚存的保护建筑梓园，就是他的公馆。

1924年的春节，英美烟公司在复兴园菜馆大请其客，接连搞了三天，共计中菜500桌，可称从来未有过的盛宴。复兴

白龙山人王一亭，海上画家，社会活动家

园在当时是绝对上得台面的馆子。

由于资方的情况发生变化,有个时期饭店的合资者决定按照现代企业的做法,聘请专职经理人,并且新人新事,拓展复兴园的其他社会功能。由于饭店的场地大,社会上的许多会议被安排在这里。如1919年7月10日南京路一带店主在复兴园开会,讨论了是否付给工部局所征的附加税事,当时他们决定延缓到他们根据公告所写的申请书送给会审公廨及上海道尹得到回音后,再作进一步的商讨。

复兴园如此排场,费用当然也不菲。学问家俞平伯1924年3月8日在日记载:在复兴园午食,甚昂。如此昂贵,还得一去,这也多少反映了复兴园当时在上海的餐饮地位。

复兴园还举办新式的婚宴,收到了很好的社会效果。1933年12月3日,当时还不是船王的董浩云与顾丽珍在此举行婚礼。25年后董浩云在东京银婚纪念时还提到:

今日为我与丽真银婚纪念日。二十五年前今日,我俩结婚于上海"复兴园"。二十五年,饱经沧桑,幸子女成行,事业亦稍有成就。

到了25年后还留记,复兴园令人难忘。

按旧时风俗,婚宴一般要办一周,所谓办一周只是在复兴园招待亲朋好友吃喝，婚房并不设在此，而是设在附近的新式饭店。后些年代，婚事缩短只有三天。从中可以看出社会发展对世俗的影响。

"八一三"抗战时期，宁波同乡会在沪市区各处设立了14个难民收容所，复兴园酒馆就是其中之一，担负起社会责任，为第八收容所。

复兴园是实行股份制的，股东之间是以姻亲或同乡为纽带。

复兴园一个曾经的股东后代，早年在黄炎培创办的上海职业教育社读书，在这样的氛围下很容易地结识了中共地下党，当时党需要大批知识分子来充实力量，抗战末期他和一群同学走着中共元老帅孟奇大姐那条线离开了家。帅孟奇有段时间也很有缘分在广东路的某旅社住过。

他悄然离开，只是苦了家里人，天翻地覆，登报寻人，仍然没有结果。时值内战，报上每天都刊登寻人启事，但大都没有音讯。直到上海解放，他才随南下部队回到上海，老父看到从天而降的儿子穿着军装、腰别手枪，真是又惊又喜。成家立业后的他恰巧也住广东路，他的工作单位在复兴园的东头，而居住在复兴园的西头，复兴园是每天必经之地。此刻复兴园的股权应和他家族毫无关系，可能早已转给他人。但他还是小心翼翼地不吐露一声半点，不让此事为人知晓。

五、海派之源（山东中路—福建中路）

时光荏苒，高日雨天，每当走过复兴园，往日家族在此活动的场面像电影一样一幕一幕在他眼前闪过。这些温馨的场面对他来说是极其可怕的。复兴园对他来说像一颗定时炸弹，随时都可能引爆。

虽然他早已向组织坦白了有产阶级家庭成分，但因为自己年幼不全面了解、也不可能说清家族中的详细的情况及复兴园与家族曾经有过的关系，他还固执地认为与他个人没有一点关系。这是否就意味着对组织隐瞒？是否应当向组织坦白交代呢？他吃不准。此事深深地折磨着他。当时家庭问题，关涉个人的前程，你的出身，有时决定你的终身。

1973年的某一天，复兴园被拆除了，原址上后来建了一栋五层高的新工房。这个曾被当地居民称为"秘密地"的地方，实际上并没有什么神奇。而心中确实隐藏着秘密的他，这才感到可以轻轻地松口气。但是，不知他是否又曾泛有几许失落的感觉。

紧贴复兴园的是380号东贵兴里，两边都是后建的房子。想当年也是名气冲天的山响，名人往来如鲫。现在空空荡荡，连一个门户都难觅，旧日风貌已完全不存，空留着一个弄堂。

西贵兴里，原在广东路408弄（旧门牌），现在已经看不到丁点影子，春仙戏园就在它隔壁，也和它一样，无处寻觅。春仙戏园当属晚辈，但在20世纪初也是一家有名的戏园。戏园当时是人心所向处，也是公共租界头疼的地方,时不时会给它出点难题,像舞台男女混杂演戏有关风化问题,情节淫秽不堪问题等,都可以成为工部局找麻烦的借口。春仙戏园所存在的问题是光绪三十二年(1906)二月在舞台上演出武戏时动用真刀真枪,公共租界警务处命令园主禁用。

广东路414号原来是自由坊,现在是新建二村的门牌。1951年拆除了广东路的这一带危房,1952年9月建成砖木结构的二三层楼住房21幢,建筑面积1.1万平方米,并建托儿所以配套,住宅内部有厨房、卫生

今天的新建二村就是原来的自由坊

五、海派之源（山东中路—福建中路）

设备，命名为新建二村。新建二村因为设施较新全，一度成为整个上海市的样板，专门有外国人来参观，这一惯例一直延伸到20世纪80年代初。自由坊北通东公和里，可以穿到四马路，向西可通聚洁坊入福建中路，向东则通尚仁里可以到山东中路，和广东路380弄的东贵兴里也相通，是一条四通八达的弄堂。

在那次改建中，保留了弄底的江苏旅社。江苏旅社的门牌号属于四马路，它建于1911年，据说由常玉清开设。常玉清，湖北荆州人，1888年生。帮会中人，

自由坊弄底出现的江苏旅馆的正门

排列通字辈,是陈万兴的徒弟,出了名的流氓。除了江苏旅馆,他先后开办丹桂第一台、大新舞台、大观园浴室,曾任上海五马路商界联合会评议长,江苏旅社可能与他最后的那个公职有关。抗战爆发前,他就投靠了日本人。1937年11月上海沦陷后,常玉清与傅筱庵等人组建"上海维持会",并任宝山县伪县长。次年2月他又在日本浪人高桥井上的策划下出任"黄道会"会长,招募大批流氓,实施恐怖活动。最震惊上海的是他将新闻人蔡钧徒杀害在新亚酒楼,并公开悬挂其头颅;沪江大学校长刘湛恩拒不出任伪职,1938年4月7日常玉清调集了七人,在静安寺路大华路口行刺将刘杀害。实属罪大恶极。当时军统屡次想除掉他,无奈其生性狡诈,善于躲避。

抗战胜利后常玉清被抓。当时同狱者记录了常玉清狱中的情况。1946年春常玉清等80人移送上海提篮桥监狱关押。常玉清态度恶劣,坚不吐实。尽管如此,上海市高等法院经过调查还是在当年8月20日开庭宣判。法官以通谋敌国、图谋反抗本国罪宣判常玉清死刑,褫夺公权终身,所有财产除酌留家属必需生活品外全部没收时,身穿长袍的常玉清声称患有重听症,要求厅长重读。当即由一法警高声向他转述死刑后,常玉清半天说不出一句话来。他不服上诉。最高法院于1947年2月25日以劣迹昭彰、罪大恶极,维持原判驳回上诉。3月12日,常玉清穿着那身长袍在监狱二楼走廊内打着他惯常的太极拳时,法警突然来其目前,宣布当天执行死刑,常玉清霎时间瘫在地上,死也不肯下楼,声称还在上诉。法警将他拖下楼时,常玉清早已昏过去。由于他体重达二百磅以上,执行者不愿将他拖至刑场,于是就地击毙。这段历史写得更像小说,可见作者对常玉清恨之入骨。在监狱正式的记录中,常是坐在就刑椅上毙命的。

江苏旅社可能是现在上海仅存的按旧式客栈建成的建筑。占地面积较大,进门中间有大的回旋场地,抬头就可见二楼回廊,木制的雕刻装饰布满了立面,留存着十分浓重的旧时茶园元素。整个建筑四周的一层楼客房,对外都有窗,窗分两层,下层一格窗,上层三格窗;窗外立人,如果开上格窗而关下格窗,仅能听其声而不能观其人,因为下格窗玻璃是彩色的,毫不透明。楼二层内四周有敞栏走道,外一圈则是客房。局部地方采用磨石子地,在当时同样规模的建筑中,是很少被使用的。从它仅有的两套卫生设备和150多个客房比例配备来看,正好是上海旅馆业承上启下的中间过渡环节。这一时代这种环节的建筑作品,十分稀见。

1936年夏天,后来闻名于世的数学家华罗庚得到中华文化教育基金会的资助,将要从上海出发赴英国剑桥大学,由其夫人陪同下榻在江苏旅社。它虽然是一家中等旅社,但因招待周到,价格适中,深得客人

江苏旅馆内景的雕栏,不经意地透露出自己的身世,

青睐。华罗庚是金坛人,据说金坛人都喜欢在这里下榻。这也是老上海的旧习俗,每一家旅馆都有内地常住人群,有些是老板的同族宗亲,有些是伙计的乡亲,有些就是熟人介绍的人,图个熟悉方便、照顾周到罢了。

作为仅存的旧式建筑,江苏旅社现已被列入保护建筑名单。

广东路440弄,通向横向福建中路入口的紫金坊,今日籍籍无名的小巷。此地原来为新锦里,因公顺昌土行所在,所以也称之公顺昌。新锦里周遭,多

五、海派之源（山东中路—福建中路）

唱戏人，名声不佳。光绪二十余年时，有宁波人在此开新锦园盆汤，但当时社会总体经济水平低下，经营不见起色。谁人想到第二年，中堂大人李鸿章赴广东路经上海，突然想开开"洋荤"，来到了广东路的新锦园盆汤，并在此洗一次澡，顿时使此地名声大噪，产生了极大的名人效应，来者趋之若鹜，生意顿见欣荣。中堂大人也不知听了哪个鼓捣，想必在这里只用了官盆，没有享受到真正上海混堂的滋味。但新锦园盆汤还是因为周围临近伶界，主顾仅以伶人居多，生意还是不兴，更因其处后遭祝融，市面日渐衰息。

紫金坊再引起世人关注的有20世纪30年代出现的皇宫舞厅，它和中央大旅社底层的中央舞厅一样，是五马路旧时娱乐业的极终延伸，也算是五马路对世人最后的一个交代。整条马路从此告别繁华，甘于平庸。

在紫金坊广东路和福建路的交叉口，有一幢三层楼高的旧建筑，后来加过层，为福州路小学旧址。从附近小学的情况来看，它算是条件不错的。只是在生育高峰过去以及周围旧里改造扩大后，生源得不到保障，学校只能关闭，物业留作他用。

五马路最辉煌、最浓墨重彩的这一段，曾经沸腾着浓烈的时代气息，到今天都付诸平淡：没有光彩和礼花，没有朝拜和瞻仰，只留下遗忘。

人生咸淡，风流云散。

有几个当年的学生,会回望福州路小学旧址?

如果告诉后人,这里是近代上海海派娱乐的发源地,又有几人能相信?更不会相信那一代的老上海人曾经有过如此痴迷、寝食戏曲的人生。

侧耳倾听,这夜中,早已无声无息。

但此刻,我们心胸中满是京韵念白、锣点京胡、裙罗环佩锵锵作响,炸开锅了。

人呢?那些饱满精神在五马路这个舞台上要闯世界的人呢?那些投入生命,没有日日夜夜,如痴如醉地浸泡在戏中的看客呢?包括那些戏弄人生、胡天胡地的家伙呢?

谁能追回这逝水流年?

这里,曾是上海最热闹的地方啊!点点滴滴的过去,从个人的角度讲是回忆,从一个城市的角度来讲就是历史。可惜,这一小片地方,现在已经没有多少人挂念,也没有多少人懂得,更不用说有多少人来理会了。

毕竟,这是昨天的上海。

六、环马场边的人生

（福建中路—湖北路）

复杂变简单，就是广东路这一段今昔建筑的主题变换风格。

今天，这一段路的南边建筑实际上是一个整体，涵盖两幢大楼，其中近湖北路的为525号金外滩宾馆，在福建中路弯上的是471号老牌饮食店"德兴馆"。"德兴馆"在店招上像模像样地写着清朝某个年份，以表明自己的历史渊源，实际上并不是指它在广东路的时间，它的正统应在十六铺的附近，是上海较老的本帮馆子。

在这一带设"德兴馆"后，也确实引来了人气。德兴馆以面见长，像红二鲜（焖肉、爆鱼）等都是看家的品种，但现在保留的上海传统味的小笼和肉包，则更受欢迎，肉馅和本帮的浓油赤酱迥异，是不放任何酱油的；叉烧和烤麸，也继承着老传统，那滋味是其他

六、环马场边的人生（福建中路—湖北路）

德兴馆

地方难觅的。德兴馆在上海多处设店馆，有的旅游书上将广东路店称作旗舰店，倒是名副其实，现在应也算是上海地方美食的代表，保留着老味道。

这一地块原来为钧益东里。靠北海路的这一边早先居住着许多皮革商，他们之间都是行内师傅和徒弟的关系。形成商圈后带来一个后遗症，因为旧时工艺水平低下的缘故，附近的空气里总透散着一种令人作呕的硝皮革的气味。随着老建筑的拆迁、店铺的迁移，这种气味现在已是彻底烟消云散了。北海路近福建中路更早住有过去在沪做桂圆生意福建漳州人的后裔,周围都是桂圆的世界,广东路福建中路转角处的鼎丰桂圆大王就是比较大的一家,后来变成了茶叶店。现在只能从书本上点点滴滴寻觅,还留存有过去的印迹。

广东路靠湖北路的那五六间门面比较凸出,有三四米宽出的样子,使得广东路到湖北路口时路面显得格外狭窄,而通过此地进入广东路的中间,路面顿觉宽阔起来。这些与行车毫不妨碍的路面,时常堆放着毛竹、木材、石子和黄沙等建筑材料。堆放前两者等于将马路收窄,而堆放石子或黄沙上面尚能让行人踩踏而过。在无聊的日子里,男孩们自有寻找乐趣的天赋,黄沙就成了他们自得其乐的道具。在黄沙堆上,沿路有行人踩踏的足印,少年们吃力地从此处往下挖出一个口小腹大且深的洞,洞口用一张练习簿纸封口,用一层细薄黄沙轻覆表面,并轻轻地在上面留下伪装的脚印,人站在远处,等待着玩伴上当。如果有同伴上当话,这一天就成了节日,欢呼雀跃。有时半天无人,第二天再来时忘了自己昨天挖下的陷阱而中招,那种懊丧就别提了,更有知情者在一旁嗤笑。

在没有堆物又恰好是盛夏时节,那里就成了纳凉的天堂。

夏天傍晚随着沿街居民的一盆水洒在地上,一股蒸汽腾空而起,像发了信号一样,居民们纷纷扛着竹榻、躺椅、藤椅,拿着小木凳和折台,享受的一天真正开始。夜,暗得很慢,在西边还是红霞布天的那一刻,这里早就热闹开了,张家好婆、李家阿娘,还有亭子间的老爷叔都在这时围拢在一起,孩子们则在旁边有心无心地听着壁脚(沪语,指私下说的闲话)。大家轻摇着手中的蒲扇,左一句右一句,重一句轻一句,有一句没一句,将邻里间的大事小事全部搬到桌上。这种看似轻慢的谈话,实际上蕴含着非常重要的教化功能,既讲明了诸事的对或错的道理,树立了道德标尺,无形中也将上一代的是非观明确无误地转达给下一代。这种众授教育的模式远比现在独门独户的教育科学,甚至还隐含着通过孩子约束大人行为的社会功能。

夏天,桌上的搪瓷大茶杯里泡着酽茶,邻居家的小囡偷偷来喝上一口,立刻愁眉百结,苦不堪言,引得大人们哈哈大笑。入夜,天朗星繁,是讲故事的好时辰,邻里间总有薄唇利舌能娓娓道来,大人随着离奇的情节入眠,小囡则眼大无光,陷入极度恐惧之中,那个贴在玻璃窗上的狰狞面孔,或人面兽心的狐妈妈,怕是他们成人前挥之不去的心魔。井水浸泡的西瓜适时端上了桌,一天的美好在沁凉之中圆满闭幕,夫复何求!对比白天,气温稍凉,一些居民回屋睡觉,另一些人则在夜幕之下开始了真正的游戏,打牌、下棋,他们在午夜之后恐怕就寝在街上了。

钧益东里一带居民的消夏夜时光也是整条广东

路样板,更是整个上海那时居民生活的真正写照。虽然房子小,生活条件差,但上海人的生活情趣并没有因此消退。

光绪二十三年(1897),广东路509号曾开设万亨和纸号,专营土纸销售,算是这里有影响的商店;后来用作仓库,店内堆着一叠一叠原纸,店堂口是高门栏,仍然上一块一块的长条子门板,一种古老的味道。

靠近湖北路的一头,多是餐馆,间隔可见,建筑风格也大有不同周围砖木结构的,是黄绿颜色的磨石子地,显得十分光洁明亮,是岁月的杰作;建筑外面的棱角非常清晰,与过去年代一般的民居建筑相比较,有一种洁净的感觉。是什么道理在这个并不起眼并不需要的地方建这些餐馆呢?

"宝善街边石路前,清风淡淡夕阳天。箫声断处琵琶续,多少人家敞绮筵。"前人在这里曾经乐着呐。湖北路这一段很不起眼的地方,实际上隐藏着一百四五十年前的故事:福建中路至湖北路,是临近环马场观看赛马场所,当时周围就建有不成规模的建筑。

环马场,即上海租界设立后的第二跑马场,整个范围大约是今日的浙江中路—湖北路—海口路—北海路—西藏中路—芝罘路这一环圈。存在的时间较短,一般认为1854年建成。这是一个有疑问的年份。至少在这一年份后的几年里并没有引起人们较强的

六、环马场边的人生（福建中路—湖北路）

关注。直到1858年，一般市民才常有光顾。但此时租界的地皮价格突然上涨得迅疾，跑马场主短时间赢得暴利，考虑将地皮脱手，西移再辟新地。所以环马场仅在19世纪50年代末有一段历史痕迹。但它的退出对五马路来说有深远关系，因为只有环马场的迁移，才会有五马路的最终开通，也真正推动并开辟了整个城市向西发展的方向。

19世纪50年代前段时间，人们出城游荡范围大约以北向为主，散步至老闸几近至极，面对的就是宽宽的苏州河。环马场诞生后，人们热衷于在马道侧散步，沪语所谓的"荡马路"，大概也形成于这里。这一习惯就此一发而不可收，同道走，情侣走，夫妻也走。

五马路最接近环马场的就是现在的湖北路一带，旁有蜜蜡打球房，喝酒吃饭的馨美酒楼、万福楼，喝茶啜茗的挹清楼，场内定期有跑马比赛，虽然有时因为道路湿滑会暂停。那些乘着轿子或两轮、四轮马车一起来观赛马的青楼女，在这里以观赛马为名，行斗艳为实，反客为主，将这里俨然当做自己的舞台，出尽风头，"马健车轻快若驶，香尘滚滚纷罗绮"。她们看赛马，自己却成为人们评头论足的对象。

这在市民阶层中引起轰动。人们在这一带邀三五知己，登酒楼或茶馆，消磨一段时光，等着赛马或青楼女子的出现；或在那里吟诗对联、拇战轰酒，成为一种生活常态，无聊又自在。

当初围绕着的饭馆建筑,是否就是后来散落在这里的遗风旧尘?上文谈论到的使广东路街口变窄的建筑,显然是依着湖北路建造的。而在进入19世纪60年代,这里已形成了建筑规模,房地产价格飞涨,当初租赁此处房子,也要花费许多租金。

从遥远的回忆拉回现实,在我们暗夜里穿过的左边路旁,停着巨大的车辆。这里原来是14路电车的东新桥终点站。

原来已近著名的东新桥,公共交通在此有百年情愫。

昔日,公交围绕着周围的广东路、湖北路甚至福建路设点。在湖北路海口路,早先的有轨电车起始站就设立在此,最早的是英商电车公司设的3路,从东新桥到麦根路;后来1路、8路设站的时代,也是叮叮当当的悦耳声,在北海路设的终点站名,就叫东新桥;5路有轨电车往昔拖着短节车沿着湖北路过广东路,在海口路近浙江中路处设一站,随后沿浙江中路南去。在60年代末有轨电车拆除后,22路、25路无轨电车都先后在此设点。

但是,最值得一说的是至今仍在广东路设终始站的14路无轨电车。它原先是设站在石路也就是现在福建中路上的,是租界时期由英商电车公司设定的老线路——我国第一条无轨电车线,1914年11月,就开始了它的历史旅程。与广东路相交的福建中路,彼时

六、环马场边的人生（福建中路—湖北路）

都是石头弹硌路，电车的轮胎虽然非常宽，但行驶在这种马路上得非常小心，速度须非常缓慢。慢慢地，小心地，它竟然运转了一百多年！它初始的外形与有轨电车相仿，方头方脑，全身绿色，仅下部的车轮与之不同；另一个不同之处是无轨电车只有一根独辫，而有轨电车从其始祖起，就是双辫子，至今不变。这一形象大约经过了五六十年，才有所改变。可惜的是，大家对于这条路上有轨电车的存在仿佛有一种理所应当的感觉，所以在它一百周年的纪念日显示了一种无动于衷的冷漠，即便是它的管理者也如此。

如果在这里竖一纪念牌，说明一下公交电车的历

14路无轨电车也是这付模样

史及对我们城市的贡献该多好！

北边现在只有一幢建筑，从福建中路直达湖北路，门牌号码为广东路500号，叫"世界贸易大厦"这个一度很响亮显得某种雷同的名字。当地人都不叫这个名字，而把它称作"黄金大楼"，因为它以20千克黄金打造的金箔，作为整个巨厦的冠顶，远远望去，金灿灿的确实奇妙夺目。

黄金大楼的前身是久安里、久安南里，1993年被拆除。久安里因为近代小说家孙家振的《海上繁花梦》和张春帆的《九尾龟》而声名远扬，它们都将它作为情景再现的原场地，因此对外名声非常的糟糕。两书最早分别出版于1903年和1906年。久安里确切的建造年份失考，但是在这些小说诞生前，久安里就在其他书中有记录。

久安里东西各通福建中路、湖北路，南北有两弄，南弄的福建中路口，边上就是著名的王仁和食品店，隔几个门面，就是北弄；而最北，是北贵里——原来的兆富里、兆贵里处，形式上与久安里相仿，所以许多人按一般上海弄堂建筑常规，将北贵里也误认为久安里的第三弄，而实际上北贵里的西端过街弄后来被封，成了一条福建中路单通道的弄堂。北贵里与久安里1993年同时被拆，现在的新建筑是名气远超黄金大楼的上海书城。

经前后对比和相关资料分析判断，我们见到的久

六、环马场边的人生（福建中路—湖北路）

安里应该是后建的，而与兆富里、兆贵里同时代的久安里，早已灰飞烟灭。推测老久安里存世三十到五十年时间，也就是19世纪七八十年代至20世纪一二十年代，和整个上海建筑更换代季非常吻合。

久安里也和上海旧时弄堂一样，但弄堂不直，布局很凌乱，猜测可能是分几次建成。弄中有多个旅社，有些设在弄边，有些则干脆龟缩在弄中，是熟人制那种，人们有理由推测出它们不良的前身。

旧时的弄堂旅社可以说是罪恶的渊薮，久安里的弄中有三大旅社：东安旅社、大新旅社、临安新旅社。旧时妓女最喜欢借旅社来"潶浴"。"潶浴"是沪语，也就是洗澡，除尽身上的污垢，后来引申为妓女通过欺骗假意从良，在榨干恩客的大笔金钱后重操旧业的把戏。

昔日浙江有个古姓人路经上海，借寓于久安里的大新旅社。大新旅社门面在湖北路上，但内通久安里。想来古先生有事没事地进入了久安里，鬼使神差结识了妓女翠宝。翠宝是何等之人，古某入了她的法眼怎能脱身，他随身所带500余元在短时间内统统花光。如果就此了结也就算了，但翠宝哪里肯就此罢手，施出浑身解数，咬定青山，灌足迷汤，托以终身；弄得古某神魂颠倒，竟与鸨母磋商，起心为其赎身，鸨母狮子开口要了1700元！也是翠宝手段厉害识得了人，古某真是一个有财的主，而且他的父母素来对其百般依顺。古某从家里骗得2000元,金屋藏娇于沪,过起了神仙日子。时间一久,世上没有不透风的墙,古某的父母得知此事也奇怪,不吵也不闹,竟安然接受现实,只是要求儿子将人带回。全家对翠宝以礼相待,并无歧视。岂知妓女的旧习最为难改,抗拒古家对她的训诫,最终得一机会,席卷细软珍宝而抽身逃回上海。古某这才知道翠宝从良不过是一种"滗浴"手段罢了。像这样的故事,久安里和周围的弄堂里时有发生。许多才子佳人的梦,临到破碎了,还深陷其中不能自拔。

也正因为此,上海一些正规家庭教育子女不要轻易穿弄堂,要走马路,小人问大人为什么,只是得到一句轻飘飘的回答:弄堂龌龊。小人是人精,凡是不让他们去的地方,他们是不会不去的。

久安里最大的优势是周围环绕着戏园,丹桂第一台后来在大新街(湖北路)的园址就在隔路对面,麒麟童就是在那里第一次登台的,他是海派京戏集大成者;金桂轩、天仙茶园、大观茶园也围绕在四周的福建中路或广东路上;徽剧场所一桂轩茶园则在西边。而围绕着这一盛事的一系列的配套产业,也应运而生。湖北路上有一家"杏花邨"饮食店,在当时特别引人关注,以骨汤打底的菜汤面和菠菜炒粗面是它的特别招牌,想当年那些演员歇戏休息时,一定是该店的主顾,看来麒麟童也免不了光顾过;更何况戏散之后的那批夜宵族,哪里肯放过饕餮美食的机会。于是小小的"杏花邨",也成了人们呼朋唤友的理想地。"杏花邨"当然不只有面,小炒小烩也对付得了,几人弄个小酒是绰绰有余的。

对街则有洪昌顺南北货行,以零售蜜饯最出名,各种蜜饯用土纸包成三角包,静候着到周围观戏的顾客,也是一种绝配……

七、老楼、隐寺及旧弄

（湖北路—浙江中路）

向西，过湖北路，黑暗中左侧路口有一庞然大物，从湖北路一直延伸到浙江中路，那就是传说的中央大旅社。中央大旅社旧时在上海滩的地位，从1934年由商务印书馆出版的《上海指南》一则广告可见一斑：

七层房屋，旅业称雄；交通便利，地位适中；水汀温暖，光线明亮；冬夏咸宜，长乐未央；装潢华贵，陈设精雅；堂皇礼厅，特别宽大；中西菜肴，昼夜随意；色色具备，便于商旅；一至十元，从廉定价；高轩莅止，唯此旅社。

它像一艘邮轮，静静地停泊在广东路的一侧，等待着客人陆续上船。在过往的年代中，那些曾经上过中央大旅社这艘"船"的房客中，还真有过许多叱咤

七、老楼、隐寺及旧弄（湖北路—浙江中路）

十几年前中央大旅社正门
卢晓怡摄

风云的人物。

1929年12月26日，林庚白在那时门牌号还是广东路545号刚建成两三年的中央大旅社327房间里，请来了服务生，为他邮寄一封信。信是写给当时居住在北四川路景云里18号鲁迅先生的，内容如下：

鲁迅先生：

前天去看你，一半是因为我向来喜欢找生人闲谈，一半是我对于你有不少的怀疑，所以要谈谈。并

133

非什么"慕名",更说不上别的啊!可是你明明在家,却先要投个名片,结果是以不认识我的原因,推说上街了。真使我联想到吴稚晖自己对人家喊说"吴稚晖不在家",一样的高尚!敬佩之余,得了一首旧体诗,写给你笑笑。末了我又感着四个疑问,一,鲁迅居然也会"挡驾"吗?二,鲁迅毕竟是段政府底下的教育部佥事不是?三,鲁迅或者是新式名士?因为名士不愿意随便见人,好象成了原则似的。四,象吴稚晖一流的鲁迅是否革命前途的障碍物,要得要不得?这几个疑问,请你来复吧!

  讽鲁迅。有引

  余初不识鲁迅,顾以凤喜无介诣人,又每疑鲁迅近于吴稚晖一流,造访果尔,诗以风之,鲁迅其知返乎?

  鲁迅文章久自雄,痴聋如许殆成翁?
  婢知通谒先求刺,客待应声俨候虫。
  毕竟犹存官长气,寻常只道幕僚风。
  景云里畔飘檐滴,一笑先生技未穷!

  鲁迅先生以为何如?婢字也许太唐突,说不定是妻,女,妾,随便用那一个字吧!

庚白
一九二九,十二,二十六,上海

  这分明是一封挑战书!那种谩骂的语气完全反映了

当时文化界的氛围，那是乱战的天堂，战斗有时发生在敌我之间，有时也经常发生朋友之间。从《鲁迅日记》1929年12月24日记有"林庚白来，不见"，可以理解林庚白怒火中烧，投了12月26日的此信。过了两天，林庚白没有等到回应，仿佛拳头打在棉花里，又追了一封信去质问鲁迅。

林庚白，1897年生，福建福州人，字浚南，号愚公。同盟会会员。曾任中国大学、俄文专修馆教授。狷介直白，一派名士风范。此时他来上海，是为了何事何目的不得而知，见鲁迅可能是他排在日程中的事。以他的身份见见鲁迅他自己没觉得有任何问题，没想到竟不如愿，碰了一个软钉子。照鲁迅战斗的脾气定然又有笔战兴起，但没有查见鲁迅有任何反击的线索，大概此类事他见得多，对方又是南社成员，或者他认为实在是小事，不值得为之。

几年后在柳亚子的影响下，林庚白还是解开了自己对鲁迅的芥蒂，展现了自己的胸怀，参加了以鲁迅为名誉主席的远东反战大会。

327室是中央大旅社三楼北向一间小房间，只有十来个平方米，与南部带有卫生间的房间比较，简易得多。但这并没有影响林庚白的心情，因为无论如何，这是当时上海数一数二的高级饭店，更何况三楼已经超越了对面新建成的清和坊的楼顶，而福州路菜场当时尚未修建成，直视可见先施和永安等灯火璀璨

的塔楼,繁华的都市景色,很快平复了他的激越心情。这位南社诗坛健将对景生情,脱口成《中央大旅社夜坐》诗:

灯光如塔复如星,楼外神州唤不醒。
雾里人烟喧突兀,夜阑歌吹感伶俜。
豪华尽落胡儿手,魑魅难穷贩竖形。
掣橘哦诗娱此夕,离情岂似短长亭!

庚白以诗自雄。曾言:十年前郑孝胥,今人第一,余居第二。若近数年,则尚论今古之诗,当推余第一,杜甫第二,孝胥不足道矣。可见他是一个心气很高的人。也就不难想象他对鲁迅缺乏热情的态度会出奇愤怒。

1941年底,林庚白赴港,恰逢太平洋战争爆发,他的行为气度竟被日寇错认作中央大员,于是惨遭敌手,死于非命,终成烈士。

中央大旅社曾经庇护过历史学家吕思勉。"八一三"淞沪战争之后为避难,他带着妻女连续搬迁无锡、嘉善等地。10月11日回上海后定居愚园路俭德坊17号。又因日机轰炸西郊,于28日再迁至中央大旅社,暂居了四天,至31日才离开。此时,淞沪抗战已接近尾声。

也是在抗战爆发初期,京剧老生奚啸伯和梅兰芳

七、老楼、隐寺及旧弄（湖北路—浙江中路）

来沪在上海大戏院义演，奚带着表兄琴师郭少忱，住在中央大旅社。海生和卢继影每天去奚住处玩，因彼此性格相投，在此订为金兰，少忱居长，继影是老二，啸伯是老三，海生最小。中央大旅社见证了他们的盟约。奚啸伯在中央大旅社，还曾遭到过流氓敲诈。那次他和夫人张淑华刚入中央大旅社客房，就跟进来三个流氓，反锁了门，将手枪扔在桌上，声言要500块大洋。话未毕几人围上将要动手，在这千钧一发，夫人张淑华按响了催叫服务生的电铃，一时间吓了三个流氓一大跳，连忙将枪塞入口袋中，声称隔几天再说，便退了出去。高级饭店当时的高级配备，使得奚啸伯夫妇躲过了一劫。

  京剧演员在此入宿也是传统。这里四周从19世纪60年代起，戏馆林立，延至20世纪二三十年代，上海主要的戏院都集中分布在这一带。直到今天，天蟾、共舞台、大舞台、中央大戏院等剧场尚留存，也是京戏沪上踪迹之余脉。有记载金少山曾住过中央大旅社四楼南部的房间，其豢养的小猴因顽皮打开了浴缸水龙头，结果水漫金山，连累主人被逐出。一早年居住此楼、现侨居美国的友人说，他家是唯一不铺木地板的，猜测金霸王可能当初就居他家，也因之可见当年所造成的后果及主人痛下逐客令的原因了。但是，梅兰芳是否在此客居则是一种猜测，还没有可靠的证明。梅兰芳和孟小冬在附近的中南大楼、神州大

137

旅社都留有足迹，从情理上分析，他们是有能力并有可能在此居住的。

除此之外，政治人物也青睐此楼，身影频繁。黄炎培在日记中记载1929年11月4日午，大夏大学教授程柏庐招餐于中央大旅社，同席邵爽秋、杨君、胡志岩。

更神奇的传说是，1930年秋周恩来与邓颖超赴苏回国的第一站，也安排住在中央大旅社。因为处闹市中心，安全无保障，接瞿秋白通知后，是夜十点就离开前往瞿秋白的住所。其后的9月，就召开了中共六届三中全会，瞿秋白、周恩来共同主持了这次会议。所以中共六届三中全会上由"城市中心"转向"农村中心"的想法，可能在中央大旅社住宿时，早已形成。

中央大旅社在20世纪二三十年代风光有名，只是上海高楼大厦如雨后春笋的今天，才湮没在尘世之中。具有讽刺的是，它尚留名于世，还是借助它曾经的老板陆连奎被军统毙命于楼前的故事。

陆连奎，曾经是公共租界老闸捕房总稽查处督察长，帮中人物，中央大旅社是他的物产之一。陆有了一些家底，就人模人样起来。沪俗语"魁什么魁，魁不过陆连奎"，就是借沪语"魁""奎"音近说事，语意是"你在外市面做得再大，也比不过陆连奎"，足见陆连奎当年势头之炎。陆连奎能够"魁"，除了有租界这块招牌，更有八方人脉资源。如通过在中央大旅社为

七、老楼、隐寺及旧弄（湖北路—浙江中路）

儿子举办结婚典礼，能够请来了李石曾、吴铁城、虞洽卿、王晓籁等证婚；而在此前，他通过干女儿华佩君和陆根泉的婚姻，将早已熟悉的当时国民党政府行政院的秘书长褚民谊请到中央大旅社来。陆连奎是南翔陆家湾人，与褚民谊关系非同一般，陆家祠堂落成时，褚民谊也亲自前来祝贺；唱堂会的除了京剧演员外，褚民谊亲自登台串戏秀了一把。上行下效，这个攀爬陆连奎关系的陆根泉，就是依靠了这层关系，后来仰仗褚民谊，才有机会获得百乐门舞厅的建造权。实际上，他当时根本没有自己的营造厂，而是获得了建造权再来办厂。不过话得说回来，他还是抓住了这个机会，用心建造了百乐门；抗战后他甚至利用胡兰成在日本方面的关系，将生意做到了日本，是一个很有经济头脑的人。

陆连奎也有"魁"不起来的时候。

一次，蒋介石的侄子蒋国柄来到上海，入住在中央大旅社。某天，蒋国柄在大厅楼梯旁乘电梯时，一不小心踩了陆连奎的姨太太一下。陆连奎见之顿露

陆连奎儿子结婚时的伴手礼瓷罐。王一亭画，沈兼巢和王西神题字

江西省第四区署部、会社全体同仁欢迎毛老先生暨蒋国柄、纬国先生留影

从左至右：蒋方良、蒋经国、毛思诚媳妇与儿子、毛思诚、蒋纬国、蒋国柄

流氓本性，冲蒋国柄三字经五字经像机关炮一样乱发。小蒋因为底牌硬，自然不肯服软。陆连奎冲前就给了他一记耳光：你在上海靠啥？神气不小，啥人认得你？此语的口气是逼对方亮出底牌，不然你就得吞下这口气滚蛋。

七、老楼、隐寺及旧弄（湖北路—浙江中路）

蒋低语说：我只认得吴铁城。

这当然是话里有话，陆连奎是听得懂的。但上海滩拉虎皮作大旗的人比比皆是，陆连奎认定对方也是这样的小混混，想用上海市第一把手的牌来威吓自己，心头一怒，抬手又是一记耳光：阿诈里（沪语：骗子），跟我来这一套！

好得很，你打我耳光，准备付多少钱？小蒋也是流氓切口，软中带刺，毫不示弱。过去流氓之间斗殴，是决不能求饶的，而是要说反话，这样才能有江湖地位。

陆连奎拖着小蒋来到电话机旁，嘲笑地要他打电话到市政府，哪知小蒋真有通天后台，电话拨通后，吴铁城果真亲自接电话。这一下，陆连奎不是"魁"，而是彻底"亏"了。

吴铁城当时为上海市市长，事情闹得太大，他也顾不得与陆相识之情，直接电请南京后，向租界工部局要求引渡陆连奎。不过南京方面也给陆连奎留有出路，要他捐献飞机三架。陆连奎想起他的好友褚民谊，请求他一旁帮忙说情。褚民谊还是有办法的，最后以捐献一架飞机的代价消事了结。此事是否成为褚民谊和陆连奎两人后来相继落水投敌的原因则无人知道了。

也有说，这则事的另一主角是蒋介石的外甥俞洛民。

陆连奎每天下午4时从捕房下班后，就去中央大旅社经理室，处理各种纠纷，从中获利或提成。打架、吃讲茶、拉台子，只要以陆的名义出面，没有不能解决的。他在租界捕房中的地位极高，13个捕房中有12个捕房的便衣探长可以说都是他的门生，使得许多案件他都能插手。比如：向忠发被捕后，中共中央曾决定立即送五万元银行存折给杨度去找杜月笙设法营救。杜月笙是当时上海的青帮大亨，但两小时后，杨度把五万元存折退回来了，说杜月笙没办法，因为是南京直接派来办案的。而陆连奎当时则分分秒秒直接见到向忠发，可见陆连奎在上海滩上的"法道"。向忠发见了他直喊求饶，陆端着架子对其说：我看你不像共产党的头子。你们那些共产党被捉来时，常把我们骂得狗血淋头，多么英雄气概，哪像你这样熊！流氓也看不起软骨头的。再比如：任弼时在沪被捕时，有人将一百元现洋送至浙江路七浦路陆的小老婆的住处，第二天任弼时就安然获释。

　　顺便说一下上海帮会的规矩，所谓得人钱财，为人消灾，收了钱就一定帮你办成事，不收钱表示不愿意办或办不了，收了钱再退回则就是办不了。此所谓黑道中的"盗亦有道"。据说，陆连奎后来死于军统之手，是因为收了钱但抵不住日本人的压力，没有办成事。许多书籍根据当时报章的猜测说法，将陆连奎毙命记在常玉清的"黄道会"的账上。而根据陆连奎当时在老闸捕房的同道后来顶替陆位置的刘绍奎的回

七、老楼、隐寺及旧弄（湖北路—浙江中路）

忆，也认为陆因投日的原因，死于军统无疑。

中央大旅社是什么时候建成，又是什么人建的呢？

相关资料记录，1927年前，上海的某英商地产公司出让浙江中路2亩多土地的使用权给中央大旅社，租期为20年，每年地租为4.8万两白银。

根据这一记载让人判定中央大旅社在该时段建成。至于什么人建的更是查无资料。感谢娄承浩、薛顺生先生，他们编著的《老上海营造业及建筑师》（同济大学出版社2004年版）中，在介绍建筑师倪振祥（1883—1965）时，难能可贵地有"承建了一批重要工程，如南京路江西路的电力公司大楼、湖北路广东路口的中央大厦旅社、山西路上的南京饭店、德和医院、兆丰公寓、披亚司公寓、市西中学等"的记载：

倪振祥，上海南汇县人，自小习木工手艺到上海后由木工小包到做挡手。民国四年（1915）与康金宝、张金生和留美工程师陆鸿棠合股开设新金记营造厂，先后承建了宝成第一、二纱厂，东华第一、二、三纱厂，同兴第一、二纱厂，日华第二纱厂，电话公司等工程。民国十四年（1925），以其精湛的技术和雄厚的实力承建了江海关大厦。江海关工程完工后，康金宝、张金生与倪振祥分手，倪创办新金记祥号营造厂……抗日战争胜利后，倪振祥由于资历深厚，被上海市营造业同业公司聘请担任经济委员。他在上海承建一些工业建筑，如机器通用公司厂房、原铁道部管理局桥梁厂、同济大学办公大楼等。此外，在杭州又承建了浙江大学的教学楼、实验室等。还承担过杭州灵隐寺的修葺。后由于时局不稳、物价飙涨，再次蚀本，他万念俱灰，遂出家当了和尚。

所谓"湖北路广东路口的中央大厦旅社"，应该就是指中央大旅社。

根据这一线索，在一册旧的范文书籍中，幸运地找到"倪振祥为中央大旅社启事"例：

启者：鄙人前创办之上海五马路中央大旅社，现因建筑业务繁忙，不克兼顾，已将该旅社一切生财、装修、器具、零件等出让于协记公司承受，业经订立契约，正式移交，嗣后该旅社对内对外法律上一切责任，以及盈亏等情，概由承受人协记公司负担，与鄙人无涉，特此登报声明，至希公鉴。

文中所指"建筑业务繁忙"，从娄承浩、薛顺生先生书中得以看出，1925年，倪振祥正与人合作建设上海地标建筑——外滩海关大楼，于1927年完工。中央大旅社1927年也已建成，按照当时的建筑习惯和中央大旅社钢筋水泥的复杂结构推算，整个建造工期也需要两

七、老楼、隐寺及旧弄（湖北路—浙江中路）

年，所以两楼建筑时期正好重叠。倪振祥分身无术也是情有可原。

这一结果恰好表明倪振祥初期承接建造中央大旅社，但最后由协记公司来完成的史实。查协记公司为19世纪创办的三家华商房地产公司之一。上海滩赫赫有名的江北大王，能与大亨黄金荣抗衡的顾竹轩，就曾在此公司工作过，不过当年只是一个拉黄包车的车夫。

1927年中央大旅社诞生之初，中国成立了第一家霓虹灯生产企业——上海远东化学制造厂，将国产的第一个霓虹灯广告招牌就安装在五马路湖北路口的中央大旅社门楣上，"中央大旅社"和英文"CENTRAL HOTEL"的霓虹灯招牌都是横式。

除了旅店的功能外，在广东路555号的中央大旅社侧门，还开设了当时赫赫有名的中央舞厅。

1938年，陆连奎将中央舞厅包给了暨南影片公司老板黄怀生。黄怀生找了一个实际管理者叫张冰独，作为舞厅的副经理。张曾在南洋商科

中央舞厅现在变成餐厅

高级中学任教,与王人美是同事,与白虹、林莉等则是师生关系。据周允中和胡根喜的文章介绍,张是有独特眼光的评论家,尤其在电影圈长袖善舞。由他来管理此地,也是吸引舞客的由头,一方面,他本人对狐步舞、华尔兹舞、探戈都有心得;另一方面,有不少相识与不相识的妙龄女郎都有求于他,通过他牵线搭桥进入演艺圈。1940年,李丽华主演第一部影片《三笑》,起先并不为人起眼,张冰独便为她在《新闻报》与《申报》上登出一则奇特的寻物启事,说是李丽华小姐不慎失落一枚贵重钻戒,如有拾得者归还原主,定以重金酬谢。与此同时,艺华影片公司推出了由李丽华、范雪明、韩兰根等主演的新影片《三笑》,李丽华和《三笑》也一炮打响。可见其头脑之活络。

在张冰独安排下,这家舞厅拥有一支八人爵士乐队,围绕着一个正规的圆舞池。舞厅设有晨舞,价格非常低廉,一块洋钱可以买七八张舞票,主客多为学生。晚间8点设晚舞,则是主要的经营市面。

张冰独后来的经历也十分特别。他坐过日本人的牢。1942年的冬季,逃离了"孤岛"上海。在广西桂林,他在蒋经国主办的《青年报》驻桂林分部当记者。蒋经国对他也有所关照,在升任他任《青年报》编辑的同时,还任命他担当新闻审查官,负责审阅新闻、书刊。由于他聪明能干,1944年冬季又被调到重庆海军部任指导科科长。在重庆他也兼管国民党的

七、老楼、隐寺及旧弄（湖北路—浙江中路）

一些文化工作，便与南社领袖柳亚之以及欧阳予倩等人相识相知，并成为好友。有了蒋经国这一通天关系，抗战胜利后，他又成了军事方面的接收大员，从重庆乘专机转昆明到上海。他曾受许广平之邀，1946年4月5日清明节，参加了鲁迅先生的悼念活动。又飞往福州，以台北日伪财产处理组组长的身份与福建省政府主席陈仪、上海《申报》驻台湾省分社社长江暮云、上海招商局局长徐学禹，以及时任福建财政厅厅长的严家淦一同飞赴台湾省。但不知为什么一个月后，他竟又回到上海，主管起粮食事务。

这样的人，1949年竟不顾自身政治背景，只因故土难舍，没有离开大陆，真是非常奇特。更奇特的是，新政权执政后也没有为难他，并且竟以粮食方面的专家而留用他，让他负责华东六省两市（上海、南京）的粮食事务。最有意思的是，中国人民解放军第三野战军准备解放台湾时，张冰独竟然被批准一起随军！真不知他当时是以怎样的心情来应对这一场面的。

1951年，张冰独向政府坦白交待他的历史问题。结局是大家可猜到的，但又是出人意料的。张冰独的劳改生涯：治理淮河；建设抚顺"大伙房水库"；治理黄河；调巢湖第五支队编辑《新生报》。1961年，作为"可使用犯人"，张冰独被调往安徽省财政厅从事财务工作，但犯人的身份没有变。1975年，周恩来总理签署了"特赦令"，作为最后一批特赦犯，张冰独与黄维、沈醉等一起被特赦。

像这种人生经历如此复杂而各方面都搞得定的人,上海人只能用沪语一个词来评价:买账(佩服)。

中央大旅社还曾拥有自己的书场。1930年6月26日中央大旅社内的中央书场刊登广告,其中有王无能、钱无量的"笑嘻戏",董别声的"滑稽新剧",丁怪怪、赵希希的"戏迷戏",管迷汤、程惊瓶的"零头戏",白玉泉、王声呆的"打棚戏"等。他们采用轮流表演的形式来吸引观众。时间为日场下午两点开书,夜场七点三刻开书。这种阵势,不怕观众不来。

30年代更有国华电台安设在中央大旅社的6楼。国华电台,由国华电器的陈子桢发起组织,以销售无线电收音机为主。这个电台每月在广告上收入颇丰。京戏、评弹是它当时的强档,最受听众欢迎。其中蒋如庭与朱介生的一档节目,竟然可以连播三四年,可见影响之广之大。1935年,国华电台还播出医学卫生知识节目,由著名中医师陆士谔主持播讲,首先播送听众(多为患者)的来信,陈述他们的病情,久病不愈的经历,然后由陆士谔医师详细分析疾病形成的原因,按照中医理论提供治疗方案。这种互动的方式,当时吸引了许多听众。陆士谔还是清末民初著名的小说家,他在一百多年前的种种对城市发展的设想或是狂想的小说《新中国》中,"捏鼻头做梦"涉及的地铁(电车隧道)、浦东大铁桥、越江隧道、高架等元素,

七、老楼、隐寺及旧弄(湖北路—浙江中路)

竟在今天一一验证。真是奇才!想必他的口才与文采一样绝妙,"迷"者多多。

1938年8月18日,陆连奎丧生于军统枪下后,中央大旅社仍处于陆氏家属管理中。

1939年1月22日至26日,近代画家黄晓汀在这里办过个人画展。黄晓汀是江西上饶人,早年就生活在上海。当时能办个人画展的画家少之又少,一般将其看作艺术人生的一个总结。不料,1939年真是他生命的最后一年。他将艺术生命乃至人生的一个完美句号托付给了中央大旅社。

1947年4月27日,中央大旅社又有了新房东。那天,益社在丽都花园内举行了正式成立大会。四川军阀范绍增在成立益社之前为了筹措该社的日常经费,向上海川帮银行借款一亿余元法币,买下了上海五马路上的中央大旅社。

范绍增是靠袍哥起家的四川军阀,兵权旁落后寓居上海,与杨虎、杜月笙等青帮人物关系密切,因此被推为益社的理事长,杨虎则任名誉理事长,委派沈夕峰、彭仲平分别任管理中央大旅社的总经理和经理。该大旅社的营业收入用在补助益社的开支。所以中央大旅社一下子成了帮会的产业。

掌管中央大旅社的总经理沈夕峰是一个复杂的人物。他是黄埔军校第四期的毕业生,1925年在军校时加入中国共产党,参加过北伐战争和广州起义,后来做过党的地下工作。1931年在上海被国民党当局逮捕没经受住考验后被党开除。到了1939年，沈夕峰担任了重庆市警察局的侦缉大队的大队副，为军统成员；虽然脱离革命，但在与救国会、地下党的不断接触中，又受到党的影响和教育，他也看到国民党的反动腐败、特务的倒行逆施，不愿再干那些为人不齿的罪恶活动。沈夕峰的夫人，是黄埔军校第六期（即武汉中央军校）女生队的学员，早年也参加革命，1926年加入中国共产党，参加过广州起义，后来因为沈夕峰被捕失掉了与党的联系。

1947年沈夕峰掌管中央大旅社时，已脱离军统。在上海的三年多，正是解放战争关键时期。他虽然脱离了军统，但特务机关并不放松他，他也不敢得罪，怕对自己有所不利，与之保持着若即若离的联系。另一方面，他又想在解放战争中为人民的革命事业做些事情。

正在这个时候他有一个连襟，叫伍云甫，是共产党的一位老党员，曾担任过中共中央军委秘书长，当时受党中央的派遣来上海，代表解放区政府参加联合国善后救济总署的工作。得知沈夕峰在沪经商，就同他取得了联系。

伍云甫手中有一笔数量很大的党的经费，正愁着放在自己身边不安全，因为他中共代表身份是公开的。经过领导董必武的同意，伍云甫就利用同沈夕峰的关系,将钱存放在他那里。这笔钱后来取回,没有受到分文的损失。又如,伍云甫曾经将四十条黄金存在沈夕峰的中央大旅社,后来国共和谈破裂,南京中共代表团撤回延安,原物取回时,也分毫不差。

1949年伍云甫离开上海后,上海地下党组织还同沈夕峰在中央大旅社有联系。沈夕峰去香港后,上海警备司令部立即派出洪帮分子、原稽查处长私人秘书陈宗禹继任旅社总经理,致使范绍增在中央大旅社也待不下去了,只能移居国际饭店,以免受特务盯梢之苦。

1949年后,中央大旅社作为敌产被没收,留守成员只能靠出售余留物资度日。1951年,上海新华书店为解决住宿问题,在上海市军管会的同意下将一至四层作为职工集体宿舍、招待所和职工婚房,同时安排了37个原来管理职员;除了一层的舞厅部分,中央大旅社成了上海新华书店的职工大院。五层及以上则为上海银行系统使用。以后一些年中,整个上海市新闻出版系统将底层的大堂作为系统内部信件物品的交换之地。但是不知什么时候,门牌号码改成了广东路543号,大家仍习惯称之为中央旅馆。

五马路的这一段,说来也简单,南面是中央大旅社,北面是清和坊,此外无他。但由于中央大旅社的高大,大写英文字母"A"形的建筑结构中,还隐藏着一个天大的秘密,这是一般人根本想不到的。

浙江中路外国寺街面

在这个"A"中,留存着一座清真寺。

这座清真寺最早出现于清咸丰年间,据说是由南亚小商人出资设立。初建时是一块公共墓地,附设礼拜场所。同治九年(1870),建礼拜殿,开始在此做礼拜,时由印度人吴俩目·阿里任第一任"依玛目"(教长),他是早年随英军来沪的。光绪六年(1880)由吴俩目·阿里到河南、湖北等地募集经费,翻造重修了清真寺。由于该寺第一任教长是外国人,进寺礼拜的也有不少外国人,故人们习惯上称之为外国寺。当地人旧时称之回教堂。第二任教长是马子贞阿訇,他在该寺主持教务40余年。该寺曾因失火被毁,于光绪二十六年募捐重建,并沿街建房十余幢,收租养寺,相沿很长时间。

外国寺占地2000平方米,坐东朝西,砖木结构,内设礼拜大殿可容百余人,后花园中有坟地,1910年停止埋葬。1917年出版的租界地图上就有回教堂标记,可见它存在年代的久远。据传说,1879年4月13日,一代枭雄马永贞在英租界一洞天附近茶馆,被马贩顾忠溪用石灰粉撒脸、用刀砍伤被害后,也葬于此地。此一说为外国寺平添了几分神秘传奇的色彩。马永贞的故事,大家都十分熟悉,传说很多,他的对手又被演说成白癞痢,又添了妹妹赶来复仇的情节,在许多部电影、电视中重彩描绘过。一洞天就在现在的南京东路福建中路的转角处。福建中路那时叫做石路。我们知道的真实情况是咸丰十一年的秋季马会上,马永贞战胜前两届赛马冠军史蒂夫。马永贞的墓据说在北侧的第二棵棕榈树下,对着中央大旅社由西向东的第七个窗户下。

也有一说外国寺的地皮原是属一个中国教徒的,他将此地作为自己百年后的归宿。此事被钠买子洋行知道,便出资盘下。直到1958年,钠买子洋行在沪的代理人才将寺院的房地契约和账册移交上海市清真寺管理委员会。

1924年哈德成回国,他是我国著名的伊斯兰教学者,现代中国伊斯兰教四大经师之一,民国十四年马子贞去世后由他继任教长。1938年的抗战时期,现代中国伊斯兰教四大经师之一的达浦生等在这里设立过浙江路清真寺回教难民收容所,救苦救难。40年代,这里还办过经堂教育。1941年哈德成离沪赴滇以后,由刘兆才接任教长一职。直到1966年"文化大革命"开始,这里才停止教务活动。

外国寺的诞生年代虽早,但由于它周围的墓区基本上属于外国人专用,随着中国历史进程的发展,外国人离境者越来越多,因此,它反而隐于闹市,鲜有人知。

佐证外国寺历史的,有生长在堂口两边的两棵高达四五层楼的大树,没有百年时间根本不可能长到这样高。外国寺是有一个天蓝的圆穹顶的建筑,它的四周是一片墓区。整个外国寺和墓区被后来20世纪20年代建造的中央大旅社半包围着,沿浙江中路是一堵矮墙,成人可以一跃而入。这堵矮墙开始只是简单的竹篱笆,20世纪70年代间才正式砌成砖墙。矮墙后面种着一排冬青树,冬青树一直依墙照着大楼环绕下去,起着隔离作用。走到墓地的南端小道,那里有一幢两层楼的形状奇特又有些古朴的小房,可能是守墓者居住地。小道特别窄,青砖地,踩上去有松动的感觉,声音回旋悠然,使两旁不高的墙壁从心灵上有高不可攀的震慑力。小道的出入口通向热闹的浙江中路,静闹对比把生死两个世界演绎致极。住在中央大旅社北部的人,几乎都走过这条小道。北部的走廊向南,是晾晒衣被的好地方,只是风常和人们开玩笑,衣被连晾衣竹竿一同掉下去也是时有发生。母亲们都把捡拾东西的活交给孩子,孩子们则呼朋唤友,相互壮胆,胆战心惊地完成光荣而"危险"的任务,博得母亲的灿烂一笑。

"文化大革命"前,外国寺有守墓人,是一个皓首老者,看上去逾古稀之年,他腿脚不便,人称"拐大爷";他的妻子,一个看上去年纪更大的老人,自然被叫做"拐大娘"。拐大爷,一个和蔼可亲的老人,整个外国寺的管理缺他不可。墓地上种着很多果树,常见的就有石榴、柿子、枇杷、无花果。每当果实成熟时,孩子们只要在楼上高叫一声"拐大爷",拐大爷就会扔一些上楼给孩子们尝一尝。石榴只有乒乓球大小,永远是酸酸的,无花果倒还是可以入口,柿子总是青的,想来一定涩口,枇杷多僵小,核大,无人感兴趣。

"文化大革命"期间,墓地迁移成了自然而然的事了。那是发生在20世纪的1967年,迁移用了大约一个星期的时间。小墓碑露出地面约20厘米,墓塘以斜插入地的小青砖为标记,多为南北向,所以并不难辨认。但根据阮仁泽、高振农的《上海宗教史》称,此处为加层叠埋,所以迁移工作比大家想象的难度要高。

外国寺中唯一留下的柿子树现在也消失了

墓地迁移使得外国寺暂时成了无主之地,地中的树草趁机疯长一气。也不知是什么人,在里面养上了一群鸡,倒也为之增添了几分生机。鸡是好东西,尤其在食品匮乏的年代。一群无聊的青少年正在长身体的年龄,逮了一只鸡自己煮着吃,不料忘了取出鸡胆,一锅好看的苦鸡汤最终只得倒掉。

世事的变故,加速了外国寺的衰退,它变成了某一外贸公司的仓库,堆满了许多奇奇怪怪的东西,这里成了堆场。外国寺的满眼绿色慢慢在褪去:冬青和

七、老楼、隐寺及旧弄（湖北路—浙江中路）

夹竹桃没了，石榴树和无花果没了，枇杷和芭蕉没了，最后只保留下两棵树——广玉兰和红叶梧桐，还有一棵不碍事的、远在小道旁的柿子树。广玉兰和红叶梧桐被一片扩建的简易仓库包围着，它们壮实发达的根部被水泥覆盖，失去了生长的能力。1994年秋季，红叶梧桐首先凋零而去；隔年，曾经每年馨香整个中央大楼的广玉兰也随之香消形散。一百年来的风雨，一百年来面对的人间沧桑，一夜间，无影无踪，作了绝情了结。

外国寺的老建筑依然存在。1980年，该建筑归还

从中央大旅社看到的外国寺顶

给上海市伊斯兰教协会。

进入21世纪之际,它的圆穹顶又被漆刷了一番,依然是旧时蓝的色调。那棵柿子树作为那时仅存之物,也消失在旧房圮墙的背景中。浙江中路的沿街的地方依然是商铺,比原先扩大了许多。

六七十年代,总有在手风琴或口琴伴奏下的清纯女声,傍晚时分飘荡在这块场地的空中,如同夜莺的歌声,穿梭在晚霞浸透的树林间,使心灵安然于静寂,令生与死和谐与共,还生活于本来。

广东路北面的清和坊,也是相当有名气的。晚清民初小说的读者对这个名字应该毫无陌生感。现存的共有三弄,建造于1927年,以石库门民居为主,沿街作局部调整。三弄在浙江中路皆有进出口,在另一头却被湖北路一排沿街房拦住,第三弄靠着东边的一条小弄连接第二弄和第一弄,通在了广东路上。这样的布局,与上海一般的里弄显得非常不同。有文献称1931年清和坊所在的地盘有百分之四十出让,现在的清和坊东段旧时可能和湖北路相通也不一定。

晚清王韬在其《淞滨琐话·谈艳》中就多次提到清和坊,根据他的文献记载,好像在麦家圈附近,从大的范围来讲,现在广东路的清和坊也可算是"附近"。王韬文章开头的"城外环马场一带"定语,也能说明其中关系。"城外环马场"即设立租界以来的第二跑马场,现存的清和坊是最贴近"城外环马场一带"。但

清和坊第一弄

现存的不可能是王韬提到的那一个清和坊，因为1927年时王韬已去世了30年。在19、20世纪之交时的许多文献著作或报刊中有"新清和坊"的称呼，但过了十来年，又直接称清和坊。

有"上海新药戒烟社"启事为证：

> 徐君锡骥留学卒业，得药学士。凡东西戒烟药品，无不一一化验，非有烟灰，即搀吗啡，每易致疾。徐君另选药品，悉心研究，实地试验，其效如神。去冬奉委浙江省立戒烟局长兼技师之职，复将此神方药切实化验，制成新药。考其成绩，无论巨瘾，七天内定可完全戒断。尤喜戒时不服吐泻等药，眠食如常，戒后不必再服药粉，绝无他病，屡试屡效，不一其人。现在鸦片禁绝，届期戒烟迫不待缓，鄙人等人道为怀，用劝徐君于上海租界内，特设新药戒烟社，广为劝戒。兹在浙江路清和坊对门七百七十五号门牌为该社戒烟之所，已于阳历二月二十五号即阴历正月二十日开办，并由浙江都督朱移咨江苏都督、民政长饬令上海行政各机关，通布广劝，俾得早清烟毒，立符禁约。凡有烟瘾欲戒而无良药者，幸各奋兴，万勿再误。张謇汤寿潜同启。（《申报》1913年3月7日）

文中的"浙江路清和坊"写得很明确，但时间在1927年前十几年，莫非1927年时建造的清和坊，原址就是那个叫新清和坊的所在地？这样讲来，就有三个清和坊了？不得而知。张仲礼主编的《中国近代城市企业·社会·空间》一书中，还有三马路清和里的记录。上海人口语中有时"里"、"坊"混称，所以要真正弄清老上海里弄，还要听听专家们的意见。

现在的清和坊，在建成之初，也与原来几个清和坊一样，情丝相连，艳帜高挂。但十几年后，这里就变化显著，青楼的因素渐淡，成为各色人等鱼龙混杂生活之地。当时在上海的中共领导阶层充分利用这复杂环境，在清和坊建成后即将中央军委联络点安置在清和坊现浙江中路的112号二楼。在稍后的时间里，此处的对面正在建造邬达克设计浙江大戏院，也就是现存的浙江电影院。

清和坊在广东路的沿街门面虽然也只是住着一些平常的居民，但其中夹杂着一些有时代性的、有趣的店铺，很有些值得说道的地方。

浙江中路112号纪念铭牌

20世纪90年代前,上海整座城市的煤气化率还不高,街头民用煤制品店还随处可见,这些煤制品店在早期时代都身兼生产和销售的双重功能,但70年代以降,这些店的功能有了很大变化,有些成了专门售卖店,有些成了煤饼工场。清和坊广东路560号开设的广东路第一煤饼工场是一家老铺,原先是以手工制作为主,每天开来几卡车煤屑,工人们用单个煤饼压型器压制成品;后来改造压型器由单变双,产量有所提高;最后发明了机器,可连续压制成型,工人只需装入煤饼架即可。但在居民区安设这样的工场,给周围带来了大量的粉尘和极大的噪声。2000年6月底,它成为黄浦区最后一个关闭的煤饼工场。

平望街里弄食堂,大概是五六十年代的产物,主要解决周围上班族和双职工居民家属的吃饭问题,员工是由里弄闲散的阿姨组成。它在广东路570-578号占了五个门面,来用餐的人员都要交一定的搭伙费,倒是管一日三餐。每天清晨四点就轰轰然地开炉点火,排气扇排出的蒸汽弥漫半条马路。黄鱼车将一天要用的菜驮来,然后在一只白木桌上捡菜、剁菜;六点以后就有稀饭和包子供应,酱菜只需人民币最小单位1分;中午是就餐者最多的时候,有时座位满员,有人就在广东路的上街沿捧着饭碗吃饭,成了一大奇观,好在当时的人们也不讲究,大家都习以为常。到了80年代以后,在这里贡献了壮年的阿姨们年岁渐

七、老楼、隐寺及旧弄（湖北路—浙江中路）

高,而社会的风气剧变,一般小青年不愿意再做里弄工作,里弄食堂工作后继乏人;进而私人饭店星云而起,代替一成不变的里弄食堂已成必然之势。在内外因素的交替影响下,平望街里弄食堂和同时期的食堂一样,作为一个时代的产物,被一个新时代所湮没。

广东路584号在浙江中路的街角,这里曾在开了三开间门面的"礼百列行厂发行所"。"礼百列"乃李舶列谐音。这位李舶列是安徽屯溪人。在徽商式微的年代即1931年来上海创设了"礼百列行厂",他将十多年研究发明出的人造黄金首饰,引入生产,有表带、手镯、脚镯、锁片、鸡心、戒指等多种类型产品。照理,上海人十分讨厌不太真实的东西。过去人们讨女人欢心,以其他有色金属冒充黄金,一经发现要被女人牵一辈子头皮,是十分难堪的事。但抗战结束,特别是当局颁令停止发兑黄金后,"礼百列"竟迎来了好时光,时人纷纷以人造金首饰代替真金。在黄金管制的四十年代,它反而得到了空前发展,经营规模越来越大。

经营之道,在于独特,加一点时运,如虎添翼。这家侧身于清和坊的小商社,谁能料想它会有如此辉煌的那一刻。

八、老学堂身旁的霓裳曲

（浙江中路—广西北路）

晨曦,过了浙江中路能看到一大块空旷的草坪,真是令人心旷神怡,这一带近年来的最大变化,就是格致中学将这块整块地归入己用了。

1876年,格致书院在沪开学了。

它是由英国驻沪领事麦华陀与英人傅兰雅建议,在西人伟烈亚力,华人唐景星、徐寿相助下,邀中西各官方捐集银两建造而成。其中,徐寿居功至伟,筹得款项最多。

李鸿章所题格致校名

格致书院开设新颖实用课目,讲课时配有实验表演,同时定期举办科学讲座,有较好的教学效果。这是中国第一所教授工业基础科学知识的场所。

格致书院原先仅在六马路上取得一小块土地,也就在今天的北海路广西北路的东北向转弯范围内。六马路是上海历史上第二跑马厅环马场的跑道改建的马路之一。所以格致书院原本与广东路并无交集,它们之间还存在着一条叫精勤坊的弄堂。从格致书院原教学大楼的位置来看,正大门应该设在北海路上。当初校门上书写"格致书院",据说还是直隶总督李鸿章题的。以李鸿章与上海的关系及对洋务的态度,他题写校名也责无旁贷。

早期,格致书院在专业教学的同时,也非常重视文化传播。据说电影首次出现在中国是19世纪80年代,最初放映的时间是1885年,地点就在格致书院。

傅兰雅像

徐寿像

当时由留学生顾永章从国外带回的新闻纪录片,内容非常广泛,有巴黎、伦敦、东京,以及南美洲、北美洲风光和埃及金字塔古迹等。

格致书院历史上有位山长,也就是我们后来称之的校长,与广东路渊源颇深,那就是前文提到的那个在墨海书馆当助译的王韬。

王韬,字兰瀛,初名利宾。后改名为瀚,字紫诠、兰卿,号仲弢、天南遁叟、甫里逸民、淞北逸民、弢园老民、蘅华馆主,等等。另有"长毛状元"的奇怪外号。1828年生于苏州府长洲县甫里村(今江苏省甪直)。王韬1849年开始继承父亲产业在上海麦家圈(今山东中路近广东路)的墨海书馆工作。在沪生活了13年,期间与诗书琴画的朋友往来,完全是个文艺青年。但他愁深似海,无人赏识,致使他闲时无聊,剑走偏锋。1862年竟化名黄畹上书太平天国策谋划略被发现,清廷下令逮捕,在英国驻沪代领事——他在墨海书馆的同事兼朋友麦华陀的帮助下逃亡香港。在香港,他与理雅各合作翻译中国儒家经书。1867年,理雅各回国省亲,邀请王韬赴苏格兰继续合作,王韬求奇心正浓,欣然接受。他于当年年底出发经东南亚入红海,过埃及、意大利、法国,最后到达英国,1868—1870年间旅居苏格兰。1870年3月返回香港,因而成为当时中国少数仅有放眼世界的人物。1874年在香港集资创办《循环日报》。之后,他的时政评论有了更开阔的眼界,提倡维新变法有更大胆的底气,对当时中国社会产生了深远的影响。1879年,王韬应日本文人邀请,前往日本进行为期四个月的考察,又使他名扬东瀛。1884年返回上海定居至1897年去世,这样,总共有26年的沪上生活经历。王韬生活在上海的前13年,战争频仍,小刀会、太平天国对一般民众的生活造成很大影响,王韬也深陷太平天国上书谜案而仓皇出逃。此时他方35岁,对于这样的离去心犹不甘。他已经熟悉了上海生活,或说他喜欢上了秦楼楚馆莺莺燕燕的生活,北里的一大片地名及其活动在其后来的文字中时常显现并占了很大的篇幅,他自己在后来的文章中毫不隐瞒:"余自道光末季,以迄于今,身历花丛,凡四十年。"

王韬在李鸿章等的默许下于1884年回到阔别二十多年的上海。那一年,格致书院的开创华董徐寿去世,次年,56岁的王韬任上海格致书院山长,直至其去世。此时作为近代城市的上海已经非同二十年前,战争早已结束,现代化的城市规模已俱,现代化的城市设施也逐渐完备。

更重要的是,在这期间,中国近代史上的两大重要人物分别和王韬见了面:孙中山先生想通过他与李鸿章联系,来上海见了王韬的面;而康有为直接来到格致参观这所学校时见了王韬。此行可能也是康最终推行变法的直接推手。王韬当时在中国的社会地位真可以说是炙手可热。

为什么要请他来当山长？他有海外的经历可能是非常重要的因素，他是中国登上牛津讲台的第一人，也就是说，他是访问学者而不是一般的留学生。而最关键的是，他是麦华陀的朋友，他们一起在墨海书馆工作时结下深厚的友谊。1862年的难关就是麦华陀帮助他渡过的。再看看伟烈亚力和唐景星，都是他原来在墨海书馆的同事兼朋友。而格致书院，当初也是在麦华陀建议之下成立的。

但是就是这样的人物，笔下还是离不开"棋盘街""荟芳里""尚仁里""清和坊""西公兴""百福巷""同庆里""公阳里""鼎丰里""定安里""百福里""桂馨里""肇富里""西公和里"这些花花草草的离格致书院近在咫尺的地方，"停车访艳，载酒看花"，王韬对那里可以说是驾轻就熟。王韬对自己的生活态度着实让人不放心，包括他当时的英国教会朋友也很有些看法。好在当时荣辱道德观与现在大相径庭，叫局、吃花酒、打茶围，甚至携妓兜风，是晚清文人生活的一部分。王韬身在租界，更是天高皇帝远，置身其外，这一切丝毫不影响他当时的社会声誉。

1897年王韬去世。1913年，公共租界将学校改为华童公学。1916年，改称格致公学，1949年以后，改称格致中学。在此期间，格致英雄辈出，经叔平、吴学

八、老学堂身旁的霓裳曲（浙江中路—广西北路）

谦和音乐家陈歌辛、沈知白，他们都是格致中学的校友，格致中学也曾经是他们的光荣，而现在格致则以他们为荣。

20世纪90年代，格致中学开始了扩大校园的发展计划。首先，它指向北面。这就形成了今天格致中学的场地规模。它将校大门安置在广东路上，在广西北路有一个侧门，侧门口勒石校名是毛泽东的笔迹，也署名毛泽东，实际上并非毛泽东亲自为格致中学专题校名，而是从他50年代与格致校友的通信上摹下的。

20世纪30年代的格致公学

格致中学向北拓展的新地方原来叫精勤坊。精勤坊是一条东西贯通浙江中路和广西北路的晚清弄堂，免不了也是花香迷人的场所，多向导社。但在它的广东路街面上，却集中着许多戏服店。

广东路601号是蒋培坤开设的"蒋顺兴戏衣庄"，1937年"八一三"前夕从南市搬来，专做"私房"行头而名盛一时，涉及戏种很多，京剧梅兰芳、程砚秋、荀慧生、尚小云、麒麟童、俞振飞、言慧珠等，越剧王文娟、周宝奎等演员，粤剧红线女、马师曾等，豫剧常香玉，以及各地，甚至东南亚票友都喜欢来此订购。它以"资金多，备货充足"、"保退保换"来吸引大家，当时影响甚大。它的雇员规模、资金实力在当时都是首屈一指。有一段时间它还引入顾绣来增加它的吸引力。

621号的楼上，有锦泰戏衣作坊，专门承做戏服、绒球，尤以做绒球出名。

637号的鸿盛兴戏衣号，专做戏服、盔帽、口髯、头套、须结。

643号的花张和行头店，专做戏服、盔帽，老板张姓，号"花张和"，绰号"癞子"，北京人。清末开业在此，抗战胜利后停业。

645号的益广祥戏衣店，20年代开业，先做扎花，后来改做戏服、盔帽。

以上除了停业的，能够经营到1956年的，都归入

八、老学堂身旁的霓裳曲（浙江中路—广西北路）

上海第十绣品生产合作社。

除此外，广东路的这一边还有其他比较特别的店。

593号是一家大饼店，它有一种食品是劳工最喜爱的，那就是羌饼。羌饼是用人力将面粉糅实，不用油在铁板上烘熟的直径有50厘米的巨厚饼，它不易变质并且十分耐饥。售卖时，用刀将饼划开，或按需划大小。从现代饮食要求来看，这倒也是无油腻的健康食物。

611号原先是顾永记戏衣号，20世纪20年代开业，老板绰号"小无锡"。他家的戏服曾远销香港，同时还做粤剧行头。后来此地变成盛行一时的竹器店，竹篮、扫帚、拖把就是它的主力商品，但顾客也是络绎不绝。

向西过了615弄一个小弄口，有大小两家民乐器商店，近弄口的那一家最便宜的商品是一管竹笛，配上一大张笛膜，70年代大约只要1角钱。而那些琵琶、二胡、扬琴等乐器，价格非此可比。在此设乐器店，可能也与各种戏曲有关吧。

655号则是20世纪50年代迁址过来的老万利乐器商店，主营胡琴、月琴、琵琶、三弦、大阮等各种民族乐器及中西乐弦线等，1975年迁移至西藏南路109号营业，改名为万里乐器商店，成了后来名气很大的乐器商店。

659号原来是同孚米号，是当地有名的粮店，后来也编入粮食局系列为黄浦区第47粮店，米、面、面粉是它的主要商品，是邻近地区的一个重要供粮站点。七八十年代一旦店里来了新米，四周居民立刻会奔走相告，排队如长龙，将粮店围得水泄不通。

精勤坊西端的广西北路78号，是一处非常有年头的工部局时期的公共厕所，确切地说，是男厕所再加一个倒粪池，对于居住在无卫生设施的当地居民来讲是非常要紧的公共设施。它紧靠在格致中学广西北路侧门旁，也为出入校门的学生所熟知。一段时期学生之间流转着一种黑色祈愿，即转给你一封祈愿信，要祈愿成功，你必须同样转二十封同样的信给你熟悉的人。这种令人哭笑不得的祈愿信令接信者无可奈何，明明知道是害人的把戏，寄给自己的亲朋好友当然不行，不寄也不行，信上有咒语。于是，广西北路78号经常收到抬头"黄金多""黄伯伯"的信件，弄得投递员也是一头雾水。"广西北路78号"也成了当地熟人之间相互揶揄对方的口头禅

1996年，615弄西面的精勤坊至广东路的建筑全部被拆迁，格致中学本身原来的三层教学大楼除了作纪念保留最西一角外，其余的也全部拆除，连同原来的南操场地皮，建起一幢10层高的新教学大楼，并将校门校址设定为广东路615号。

2005年，格致中学又东扩成功。广东路至北海

八、老学堂身旁的霓裳曲（浙江中路—广西北路）

路沿浙江中路一段全部划归格致中学，大部分成为操场。胡适为族人题写店名的程裕新茶叶店也在这个范围，因渊源颇深，当地还想保留住这家特色店，最后在海口路口盘得一个新店面得以保留，也算是颇有造化。

就这样，现在的格致中学取得了广东路、浙江中路、北海路至广西北路段的整片街区，除了教学外，有部分的体育设施还向社会开放。

北边平望街区的那一片，依然在一片拆除声中暂且存在着。

配合着广东路热闹的戏曲世界，在广东路的这一段，同样驻扎着许许多多为戏曲服务的配套小店小铺。除了上文已经介绍过的单号小店，平望街区的双号有更加多的性格店铺存在。

广东路600号二楼，1938年由唐阿福开的戏衣作坊，梅兰芳、周信芳、俞振飞、言慧珠、童芷苓等京剧大牌都上门请做过私房行头。其后辈也是做戏服的一把好手，在戏曲界中享有好名声。

606号的大生戏衣庄代销戏服店，原来是典当铺，1954年蒋怀庭和"大生"老板翁豪洲合做戏服，1956年停业。

614号的卫顺泰戏衣庄，专做传统戏曲服装作坊，20世纪20年代末由卫顺德开业。当时他独辟蹊径，专门为古装电影做服装，打创出与众不同的一片天地。

628号的洪昌戏衣号,专做戏服。后原"益广祥戏衣号"雇员王金浦搭店做过盔头。

652号的祥泰顺戏衣号,专做班盔、神帽、戏服,经营者徐俊卿,绰号"徐阿八"。绰号"小苏州"的方惠勤加盟后,越剧行头尤其是巾帽造型更出挑,博得越剧演员的青睐。方惠勤初业时在苏州"黄恒昌戏衣庄"拜师学做寿帽、神帽、菩萨帽等,有扎实的基础;加之其父亲以及岳父朱顺宝一家都以做巾帽为生,有很深的渊源。其为姚水娟、马樟花、筱丹桂、竺水招、尹桂芳、徐玉兰、袁雪芬、张桂凤、傅全香、范瑞娟等制作的具有各个流派特色的巾帽,供《山河恋》《红楼梦》《梁山伯与祝英台》《木兰从军》等戏的演出用,曾经大放异彩。

还有一些曾经在广东路上落过脚的有:龚裕记戏衣坊,严有才戏衣坊,许星讵戏衣坊,裕泰戏衣坊,栾金元戏衣号,鑫昌戏衣店,美丽戏衣店,龚福记戏衣店,恒大戏衣坊,大茂戏衣庄,南恒泰班靴店,老祥顺班靴店,等等。

广东路过浙江中路向西的这一段在开通前,叫正丰街,而石路东面的宝善街是戏园林立的世界,光鲜的背后,原来是有一家家这样的为其服务的小店,在默默无闻地作贡献。当然,小店与宝善街的所处年代不同,随着宝善街戏园的没落,它们服务的是新的更

八、老学堂身旁的霓裳曲（浙江中路—广西北路）

大的戏院，服务于更多的戏种，正所谓与时俱进。

这些小店虽然不起眼，但它们和舞台上名家巨星的关系却十分紧密，是藏龙卧虎之地。早期，戏曲名家使用的是江南一带如江宁、杭州、苏州等地织造的布、绫、绸、缎，用染、绣、印等手工方式加工，制成名贵的戏衣；后来进一步以丝、绒、锦等贵重丝织品为质，饰以金银，更加考究。广东路茶园戏园达到高峰期，在沪的戏曲被称之为海派。海派的特点，兼容并蓄，一切好的因素全部实行"拿来"，尤其讲求做功，配之姹紫嫣红的戏服，以博得观众的掌声；加之上海古装连台本戏盛行，对戏服的常变常新有更高的要求。由于交通等问题，当时演员到外埠量尺寸订做戏服是一件犯难的事，这且不说，单是时间上来来去去就存在很大的问题，于是上海的戏服行头店应运而生。开始是在老城厢有些，随着戏园北移，戏服店也紧紧跟随，陪同戏园在广东路扎下根。它们开始经营的形式是在广东路设一接单点，加工在苏州等地交给固定的绣娘；后来在接单的店堂附近设了工场。同时，有些工艺也转而采用上海地方特色，如刺绣，一般在苏州加工，后来就近用浙江路南向直通的露香园的顾绣，广东路601号原来就是蒋顺兴顾绣庄。

渐渐的，这一带戏服店成了气候，与戏曲相关的细分类商店也越来越多，戏靴、盔帽、须结、点翠等专门店也开出了。名家们也乐意来此小店,与设计师们讨论设计要求,求得最佳舞台效果。梅兰芳、言慧珠、俞振飞等大家,也放下身段,从弹硌石的广东路上踏入小店,与小店主兼设计师讨论了如《贵妃醉酒》《宇宙锋》《霸王别姬》《天女散花》《游园惊梦》《凤还巢》等许多戏中人物服饰造型及细节,当年店主的后辈,还保留着昔日的记忆。五六十年代,集体化逐渐取代了个体经营,到"文革"时,精美的戏服更归属糟粕,广东路上这些特色店逐一消失,成为一般民居。

80年代后期,广东路又被一阵风刮起,美发用品看中了这块风水宝地,比之当年有过之无不及,一家连一家,这里又恢复了往昔的热闹,只是内容完全不同了。

哪里还找得到大师的身影?在广东路上,人们常常在比肩相邻的美发美容用品店的迷茫中不知所措。

在广东路的这一段,还隐匿着一条小的横马路,叫平望街。深入到近福州路的地方,才知黄浦区图书馆隐身在此。

平望街的名字,很容易和望平街混淆。许多书中都把两者混为一说,并煞有介事地在平望街后标注今山东中路,主要因为平望街太短太小了,将望平街的旧事往它头上套。但这个平望街,也不能小瞧它。

1928年,新月书店从法租界麦赛尔蒂罗路(今兴安路)搬迁至平望街,包括风靡当时,也被今天一众

八、老学堂身旁的霓裳曲（浙江中路—广西北路）

广东路上现在尚存的戏服店

文艺青年所膜拜的徐志摩、闻一多、胡适、沈从文、陈西滢等的著作都曾在这里呈现给读者，其中徐志摩的《志摩的诗》、胡适的《白话文学史》一版再版，成为新月书店的畅销书。

　　走近平望街的荣阳里口，举头张望，在晨光中，见弄口上端标记着"1925"的字样，与一般弄堂的情况全然一致，但下方，却写着"民国十四年"这样的标记方法，记忆中在上海现存以民国年号标记的弄堂非常少见，好像只有个别地方才有这种标记，很特殊，而且要知道这是经过了十年"文化大革命"后还能保存至今的,历史也真是无所不能!

荣阳里向东走,经一条小弄出口,是浙江中路137弄,1号是一幢五层楼旧房,楼上过去曾有个"富川商号"。40年代有一家叫华益公司,是中共设在上海的地下经济机构,就向"富川商号"租下了这里的房子。这家机构的设立由周恩来等高层领导商议决定,钱之光直接领导。公司取名为"华益",寓意"为了中华民族的利益"。1946年8月正式开业,肖林任经理。这一带当时地下党的活动一直是非常频繁的,有历史传统,所谓大隐隐于市。

紧隔壁浙江路的沿马路建筑,就是大名鼎鼎的邬达克设计、邬谩昌营造厂施工建造、1930年9月6日开幕的浙江大戏院。邬达克在完成了浙江大戏院的设计后,得到了有关人士的认可,又接到了大光明电影院的案书。他的一生设计中,所接的戏院建筑设计不多,也仅有三四所,全都留在了上海。浙江大戏院也就是今天的浙江电影院,虽然已被改造的面目全非,今天仍然经营着电影,弥足珍贵。要知道它同时期的伙伴都物所非用,或者干脆连建筑都灰飞烟灭了。

平望街西面有濂溪坊,通广西北路与乐余里相对,光绪末年名妓薛金莲旧居便在此处,上海历史上有名的笑舞台也就在这一带。1915年,苏州富商周

荣阳里,依稀能看到民国十四年的字样

渭石将部分住房改造成戏园,专门演出早期话剧,原名叫沐尘舞台。顾无为承租下来后改名小舞台,专演女子剧。同年8月,周渭石委托俞问天召集一些演员在此演出,正式启用笑舞台的名字。1916年朱双云、汪优游、邹剑魂、郑正秋、李悲世、徐半梅、张啸天等人将它当做专用剧场,编演讽刺袁世凯称帝的《窃国贼》。以后欧阳予倩等人也加入,编演《黛玉葬花》《晴雯补裘》《馒头庵》《负荆请罪》及《红楼梦》折子戏。1919年元旦,张石川、张巨川兄弟又以民鸣社名义在

浙江大戏院,邬达克的作品中重要的一环

八、老学堂身旁的霓裳曲（浙江中路—广西北路）

这里演出《群鬼》《谬光》，并编演时事新戏《蒋老五殉情记》《凌连生杀娘》《阎瑞生》等，获得很大的成功。1922年民鸣社解散，由张啸林等接办笑舞台。1923年张石川等又组成和平社在该舞台上演《马永贞》等戏。

笑舞台存世的时间短的可怜，1925年，就被改建为民居住宅。现在的成排青砖小楼，就是那一时期的产物，青苔侵蔓的墙体，布满了年华沧桑的感动。小楼延外，还有辅佐的砖砌小园，是一种过渡于30年代上海有名的花园洋房前奏的建筑，在这里，可以看到旧式里弄向新式里弄平稳变化的中间一环，在上海也不多见。曾经有名的平望街幼儿园，就安设在那里的某一处。

在平望街的北端，曾有一家"新世界"刻字店，在辛亥革命期间，店主周柏年、店员底奇峰两人冒着杀头的危险，揽下了刻起义文告钤印的任务。是时陈其美因无人敢接件而心烦意乱，眼见起义的日子越来越近，周、底两人挺身而出一口应承并谢绝了陈其美的酬金，使陈其美大喜过望。1911年11月3日，上海革命党人呼应辛亥革命而起义，胜利后在6日就正式成立沪军都督府，所用所有公文钤印，均出自底奇峰之手。起义成功后，革命有功的底奇峰离开了"新世界"，上任都督府秘书一职。1912年1月，南京临时政府成立，在总统府下，设有印铸局，经陈其美举荐，底奇峰出任印铸局长，成了政府的高级官员。

广东路上的支支弄弄，都有自己的历史，且有故事有传承。

九、电影故事中的上海弄堂

（广西北路—云南中路）

广东路在广西北路至云南中路段，南北原来是两个老旧的街坊，在清末民初一段时间里是老百姓津津乐道的地方：福裕里和乐余里。

南边，破旧的福裕里，早在20世纪90年代初被拆迁，旧景无处寻觅。旧址现在耸立的是摩登玻璃幕墙的海通证券大楼，每天门口车满成患，人们都在忙碌自己手上的生意，绝少有人会去关心了解此地的前世。

早先的福裕里是一个地道的香暖之窝。许多旧的小说都愿意提及它，也是那时的时尚之地。小说一般来说虚构为主，但晚清的现实小说近乎于白描写生，是实录。

说到福裕里，过去更多的是在前面加上"六马路"。六马路也就是现在广东路南边的那条北海路。

六马路福裕里的称呼也没有什么大的错,福裕里毕竟有一头通在六马路上。也有在福裕里前加上"小花园"的,这就无道理可言。小花园一般指现在浙江中路福州路以北的那一带。

这里不得不插入另一个话题。关于大马路至六马路的称呼,一直以来都认为是俗称,非正式名称,不可能存在正式的路牌。但是,我们确实低估了前辈的实用勇气和实干精神。虽然我们没有找到五马路的路牌,但是我们却意外地发现了六马路的路牌。难道真的从大马路到六马路都有这样的路牌?这还是一个疑问。北海路,一条令人遐想的小路,连北洋军阀张勋的小妾都曾在这里安置香屋。开辟成路的时间也是几条马路中最晚的。以序号一至五命名的马路全部都从外滩起至西藏路止,南京路也是如此,现在的南京西路原来叫静安寺路,实际上和原来的南京路是两个概念。只有被称为六马路的北海路,从福建中路起到西藏中路止,是一条半截路。不过,它倒是一条真正意义上的"马路",是从第二跑马厅的马道演化成路的。

福裕里在后来所见过的一般人眼中,感觉不是明亮的,它有些说不出的晦暗,至少在它被拆除的前几年就是这样一种低沉破败的样子。可能和早期建筑使用的材料有关,整体建筑的直线和弧线有一种原始的苍茫感,永远让人埋怨建筑工艺的低劣。它远没有

九、电影故事中的上海弄堂（广西北路—云南中路）

只找到了六马路旧路牌，和当年老城厢里的路牌如出一辙，五马路的路牌也应该差不多吧

20年代拆旧建新时期建立起来的建筑规整。特别是在云南中路的弄内，虽然高敞，有点轩昂，但永远处于不平衡的状态，并且污水满地，仿佛没有干净的那一天。倒是靠着广西北路沿马路的一边，还稍显洁净。让人回忆得起的是中段有一家专做竹帘的商店，手工制作，非常特别，生意不好不坏，清清淡淡。

1919年8月，上海泰东书局张静庐编的《新人》月刊第二卷第二号，有专刊记录，上海1918年春季共有长三妓女1006人，其中福裕里76人，在各弄坊中排名第三，足见当年它的动静不是一般的大。

福裕里除了在文人笔墨下被使用得非常频繁,最轰动的还是20年代发生的阎瑞生杀妓女王莲英事件中,这里就是案发的现场之一。

阎瑞生生于上海,自幼喜赌,长成后买醉于酒楼,寻芳于花丛,用当今的话来形容,就是一个完全的废男。24岁那一年恋上了久安里的妓女题红馆,但又苦于没有经济实力,端午节将临,按过去的做法,每逢端午、中秋、春节,应将嫖资结清,当时他所欠的荒唐费有600余元之巨。因无处挪借,阎瑞生想到江湾赌马日期将近,即反向题红馆骗借钻戒一枚,去当铺抵押600元后,竟去江湾跑马厅买马票以期博得巨款,结果可想而知,600元全部输光。从这一点来看,这个人是上海人常称的"独头",独幅心思。只要简单思考一下,一般人不可能拥有这种单向的思维逻辑。

如此,非但600元前账不能了结,借题红馆的钻戒陷入当铺赎不出来。阎瑞生根本解不开这样的连锁债务,铤而走险、谋财害命只能是他唯一选项。在从江湾回家的路上,目标人选在他脑中狂闪,最后定格在倒霉的王莲英身上。

王莲英,小花园的高级妓女,曾被花榜列为"花国总理"。阎瑞生与她并不熟稔,但之前在大东旅社让阎瑞生见到王莲英浑身上下珠光宝气,手上有只非常扎眼的大钻戒。就是那个闪念,让阎瑞生从江湾跑马厅回来的一路就锁定了犯罪的目标。王莲英露富

九、电影故事中的上海弄堂（广西北路—云南中路）

在一个错误的时间，遇到了一个错误的人。阎瑞生当夜在大东旅社急忙写局票叫王莲英来，结果王没来，急火攻心的阎瑞生第二天晚上在旅社再叫，依然没有来。发生了什么事？原来妓女出局有很多规矩，在妓院或是酒楼茶馆等场所，一般飞笺即到，除非有客叫局在先；新式旅馆则夜深不到；而且首次一定要有熟客引见。阎瑞生显然是昏了头，忘记了一切。到了第三天，阎瑞生改在四马路大观楼酒家叫局，王莲英这才应声而来，但与阎瑞生的话语皆流于一般应酬，谨慎地聊了几句，美人即告离去，主要原因还是不熟的关系。

王莲英是够警惕的了，但这次短暂的见面还是让恶从胆边生的阎瑞生下定了决心，阎瑞生真切看清了她身上的饰物价值。王莲英贵为"花国总理"，上海人称之为"不怕天火烧，只怕跌一跤"，所谓"一家一当全在身上"，阎瑞生在她身上看到了必须动手的渴望。但是，与王莲英不熟的先天条件还是要弥补的，首先要骗得与王熟，骗得王对他的信任。于是，第四天阎瑞生特地约了一群狐朋狗友小兄弟去小花园王莲英处白相麻将，其中有一人是朱葆三排行第五的儿子，阎瑞生与他是同学，但后来俩人多在妓院这个染缸里交往，成了"连襟"。朱葆三是何人？现在上海的溪口路，法租界时期叫朱葆三路，由此可知他的社会地位。朱五，花楼中健将，名声在外，无人不知无人不晓。阎瑞生这种人，家里没有"底钵"（沪俚语，指一定的经济实力），但场面上的人物见过不少。也是王莲英昏了头，照例这票人物她是见得多了，竟然眼睛一亮，阎原来是朱五的朋友，立马对阎刮目相看，阎瑞生也就马上搭上顺风车，装烟倒茶，殷勤以待，最后摔大牌，将当天所赢全部算在王莲英头上。幸福突然来临，使王晕头转向，立刻将阎视为善客。也是做妓女的不幸，这年头好人不多，一个"贪"字当头，结果竟搭上了命。

有了这次铺垫，两人算相熟，相邀聚一聚也成平常之举。于是，阎瑞生纠集死党，并借得朱五奥斯汀小轿车至小林黛玉妓院的福裕里，开局票召王莲英速来，但等了很长时间不见人来，阎瑞生只得开车到小花园王莲英的住处，谎称约打扑克，让她起床赶去，自己则约死党商定作案细节。待阎一圈布置后回到小林黛玉处，王莲英这才姗姗而来。阎诱王乘汽车外出去兜风。当时汽车不是一般人能拥有的，代表着一种身份。也是虚荣心作怪，王竟跟着阎及死党登车出福裕里，向西经静安寺路（今南京西路）、曹家渡、北新泾、虹桥，转至郊区田间极荒凉处。当时天色已暗，阎瑞生借故将王莲英骗下车，竟与死党用绳勒其颈。可怜的"花国总理"万般求饶也没有用，生生断送了性命。身上所戴的大小钻戒、项链、耳环、手镯、别针、金表、金镜悉数被阎瑞生"剥猪猡"。阎瑞生将尸体

九、电影故事中的上海弄堂（广西北路—云南中路）

埋在麦田深处，自己东逃西藏，最终逃到了佘山。案发后，租界当局的老闸捕房侦探立刻在市区他家附近布防，狡猾的阎瑞生乔装打扮回来，竟没有被发现，让他趁夜溜掉了。后阎瑞生在外地还是被逮住，落入法网，等待他的命运只能是死路一条。

像阎瑞生这一类人，上海人称之"小阿飞"或"小抖乱"，社会上的一切时髦都有他的份，一切不良行为都尝试过，但一般仅止于小打小闹，弄到像这样真正动刀动枪的杀人，毕竟也是少数，也可以看出阎的性格存在极大的缺陷。

这一曲折的命案当时轰动了整个上海，《申报》称其是"上海最新奇闻"，最夺人眼目的无非是被害人的妓女身份。这些内容很快地就被以各种各样的形式流传市面，图书有《莲英惨史》《阎瑞生秘史》《花国总理莲英被难记》等，京剧则有《枪毙阎瑞生》。当时社会一致总结出此案发生的罪恶根源：嫖、赌。社会上立刻流传着这样的警世话语：若要拆人家，教他嫖和赌。几十年来，上海人教育子女的基本要求，就是严禁嫖赌，特别重视子女的辩道（交友）问题。

阎瑞生事件将福裕里的名声推向极致，飘向更远。后来，有电影公司干脆在福裕里架起机器，实景拍摄，将此案例拍成电影，所以福裕里建筑今天虽然灰飞烟灭，但在电影的胶片中，却被永久地记录了下来了。

电影《阎瑞生》剧照

颠覆人们思维的是到了福裕里拆除的时候,泥灰震落下的建筑中,有艳红的木质栏杆出现,栏杆上刻有许多精美的花纹,堆积的建筑物中混杂着色彩斑斓的花砖,人们才大吃一惊:它曾经如此惊艳。才弄明白为什么它在六马路的弄口有类似西洋建筑构件的柱子,这种装饰在上海一般弄堂极少看见。原来它后世的模样,那种拙劣是在刻意隐藏着它那过去的痕迹,或是自我遁世的结果。

只可惜,它露出昔日真容之时,也是向世人告别转身的那一刻。

广东路北面的乐余里,和上海所有的弄堂一样,是三条弄堂的建制,弄窄,仅容一辆车的宽度。从弄的外形来看,似比二三十年代的里弄更老。外号"虹桥老三"的徐第,曾在此居住。她在北京挂牌,南下

九、电影故事中的上海弄堂（广西北路—云南中路）

上海曾获得新世界第二届花国总统。徐第与皖系军阀倪嗣冲女婿王某关系特殊，所以这种选举只能成为后人的笑谈。可笑的是当年北洋政府的总统是徐世昌，于是乎南北两个徐总统更成了人们饭后谈资。徐第于1918年迁出乐余里，这样就可以确定，现在尚存的乐余里，也有一百年的历史了。

在最靠近广东路的广西北路111号弄口，过去曾有一所养心小学，著名评弹演员余红仙因家就住在附近，也上过私立的养心小学。从小她就跟着大人在周边的天蟾舞台、共舞台等听京戏，越剧、沪剧、滑稽戏等节目她也是喜欢得如痴如醉，所以后来她演唱的毛泽东词《蝶恋花·答李淑一》能红遍全国，可能与她长期受戏曲熏陶、采纳其他戏曲中的精华有关。50年代全市私校合并后，养心小学和几所私校组成了民办西藏中路小学，总校设在同条马路5弄13号，养心小学旧址成为分校保留，并且还纳入了广西北路224号二楼作为学校的运动场所。

和前段路一样，这段路的沿街也开过许多戏装店，但从总体规模上来说，较逊于浙江中路至广西北路段。

广东路这一段的马路，原先也是弹硌路，上街沿是原石料的，大约40厘米宽的模样，厚15厘米，长100厘米左右，宽处的25厘米埋在地下，留出15厘米厚度形成上街沿的外部结构，用防滑预制板铺至建筑物，

191

广西北路111号,养心小学旧址

形成约120厘米的人行道。地面下水沟也是原石料铺就的,25至30厘米的宽度,正面平整,下端粗糙。这些原石料的建筑材料,比路两边的建筑物历史都长久,就是在改造成柏油马路后,因为使用价值依然没变而留存,在路边默默地守候着自己历史的光滑,保留着昨日上海的些许温情。但在近十年前,却被莫名其妙地更替了,现在我们再来这里是,只存有是毫无情感的现代材料,心中纵有千万种情感,不知何处存放。

广东路盛行美发商品的确不知其始端,有人说是始于云南中路上的"旋风"。"旋风"原是搞电器的,

九、电影故事中的上海弄堂（广西北路—云南中路）

像吹风机一类的，可能与头发有关，竟风风火火蔓延开了，带动起整个地段，甚至影响到了周围的马路，以广东路最甚，广西北路、云南中路也像模像样地开出数家美发店。开始的商品仅限于洗发水、洗发膏等一类与理发护发有关的商品，后来发展到假发和洗浴用品，连木质的盆、桶也列入了商品范围，真是让人大开眼界。

历史上，云南中路一带倒是多理发店，顾客中以青楼女子居多，但后来因妓院关闭，理发店缺少了主顾，也一家接着一家地歇业了。

天已大亮，我们已完全看得清路两边的建筑：乐余里正在被改造，一部分居民已经搬离，一部分建筑的楼顶已经被拆除。

十、群玉坊：昨日星辰昨日风

（云南中路—西藏中路）

东方饭店坐落在广东路西端，如果我们依着东向西行，对这个庞然大物在我们身边擦身而过，似乎没有什么新奇的好感，这和反向的感觉真是千差万别。从西向东望去，东方饭店绝对像一艘将起航的军舰。这样的情景似乎哪里有相似？高度相同的只能是中央大旅社了。从浙江中路到此处的西藏中路，中央大旅社和东方饭店含有的那一段广东路和北海路相夹处，像极了一条两头巨轮。

东方饭店是1929年它建造初的名字，当时在汉口路浙江路的转角还存有一家比它更早的东方旅社，所以东方饭店被人称为新东方，老东方因为"左联五烈士"的故事后来名声更响，东方饭店则因后来成为上海市工人文化宫而旧称几乎无人知晓了。所以新老东方对后来不知情的人来说，还真的会张冠李戴。

十、群玉坊：昨日星辰昨日风（云南中路—西藏中路）

东方饭店，今天的上海市工人文化宫

这里原来的街坊叫永定坊，是新沙逊洋行的产业。东方饭店和前面介绍过的租地造楼情况一样，地价租金很高，租期满后房屋也要归新沙逊洋行。因为此时的建筑寿命大大延长，地产商在二三十年收回地产后，地上的建筑还能有更长的使用年限。

东方饭店整体建筑由乌鲁恩设计，华商久记营造厂承建。光滑的磨石子地面，气派的圆柱，与其外墙的粗犷形成强烈的对比，由外而入，有全然在欧洲的感觉。最有特点的是门内大厅，厅内三层楼高，正圆形，在整个上海建筑中显得独一无二的，在当时是数得上的时尚地方。站在楼厅上，俯视人们从大门进进出出，是一种非常独特的感受。1937年，整个大楼安装的空调系统后，东方饭店成为上海盛夏最逍遥的摩登之地。

  饭店依照旧时惯例少不了餐厅、舞厅、弹子房和书场等当时时尚因素。这里的书场，与老派站在门口，用苏州腔不停地叫"听书哉"，或召唤客人"先生来哉"肯定不同，但是作为搭识、搭讪场所功能却一点没变。站在饭店的高层，向西眺望，运气好的时候还能看到赛马比赛，那种心情真是好的没得说。饭店后来还设了东方剧场，大门开在北海路上。20世纪七八十年代，曾因上演贴近时政的话剧而名声大震。放映老电影也引得一群群怀旧的人将平时寂静的北海路喧闹成市。

  因为坐落在公共租界又靠近法租界处，交通十分便利，东方饭店开业之初，就被各色人等相中。它位于大世界和新世界当时两大游乐场所中间。传说争夺大世界的流氓枪战，就是在饭店三楼的某客房策划的，结果使得上海滩上的两个大亨黄金荣与顾竹轩结下了半世梁子。直到解放后，黄金荣在大世界门口扫街时，两人偶遇才冰释前嫌。远在北方的军阀孙殿英，也惦记着怎样利用上海滩来将他盗墓强抢得来的珠宝出手。他派了军需处长李德禄带了数箱珠宝，在副官王登瀛、戴世禧护送下，与香港掮客在东方饭店舞厅秘密谈妥了这批稀世珍宝的价格。

1931年五六月间，中共中央得到向忠发被捕的消息后，立刻在东方饭店开了三间相连的房间，住着周恩来、王明和陈赓等人，讨论设法营救之事，决定立即送五万元银行存折给杨度去找杜月笙设法营救。如前文所述杜月笙找到了中央大旅社的陆连奎，但没有办成。而另一方面从内线得到向忠发叛变后，他们撤离了东方饭店。后来就有锄奸的后事。

解放后，这里成为上海市工人文化宫，是名副其实的工人之家。普通工人只要凭工作证或工会会员证，就可以进入参与各类活动。这种形式早先非常严格，到后来，仿佛任何人都可以随意进入。这里也培养了一批工人作家、画家、书法家等。当然，这里所说的工人是广义上的说法。人们都亲切地叫它"市宫"。上海叫"市宫"的还有一处地方，就是人民广场西端的上海市体育宫，它拥有一部分当时尚存的一级一级跑马厅观台，上海市体育宫后来被上海大剧场取代，跑马厅的观台也不见了踪影。

20世纪90年代初市宫将广东路临街面的一部分租借给了万国证券公司，才真正地轰动了整个上海。

万国证券公司,今天改为申万宏远证券公司

特别是万国证券公司开始代理深圳证券买卖后,人潮涌动,这里就没有了昼夜之分。90年代初深圳证券买卖每次需要10万元以上的资金量,而当初一般职工的工资每月刚在百元线上,所以要凑齐这笔资金大约需要几十人合资才成,而且还要连夜排队才能买到股票。当时大家对股票非常陌生,但对钱却有十分兴趣,举家之力作一博也是无奈。像这种合资炒股,实际上是很容易产生纠纷的,投资方向是一个问题,股票下跌资产受损更会有无穷烦恼。幸而上苍有眼,所有股票价格当时直线上升,一群群人每天在广东路上

十、群玉坊：昨日星辰昨日风（云南中路—西藏中路）

作是抛还是捂的幸福选择，由于一个户头下有几十个投资者，意见也永远不一致，也是人生难忘的一幕。

广东路成了发财的吉祥之地。90年代初，股票认购证大批量公开发行结束时，这里达到疯狂程度，每天清晨到晚上，路上全部挤满了人，车辆难以通行。有些人以此为家，搬来了桌椅，倾谈激争而不倦，出入不便令路北群玉坊居民感到头疼；更让人感到麻烦的是人们将如厕之事全部安排在群玉坊，大大增加了群玉坊的压力，使得群玉坊脏乱失序。但是，在挣钱就是硬道理的时下，没有人考虑这些。每天都有自制的炒股秘笈在人们之间流传，后来编成了简报，定时出售。人们在这里呼朋唤友，显示自己"船队"的力量；许多小散也以抱大腿，向自己的亲友表示认识某某，显示已找到通向的金砖大道。

人道是花无常红。风险说来就来，"327"国债期货事件一下子将人们推入冰窟，给人们狠狠地上了一课。那天下午3点落市后，万国证券公司门口站满了投资者，据说最后几分钟的交易作废，谁是赢家谁是输家几分钟内颠倒，人们一时失去自我。在广东路上，五十步同情一百步，大家彼此舔伤，度过人生最没落的那一刻；及夜，广东路橘黄色路灯下的那一刻，分不清是忧伤或是温馨。虽然有人因此倾家荡产，但回家绝不能谈及此事。据说万国证券公司的大户室损失最甚，因为跟着公司做多，许多大户一下子被打穿证券公司本身也陷入极大的困境。结果公司与申银公司合并,员工保住了饭碗,但还是有人因此而受牢狱之灾。

北边群玉坊弄口的几家小酒店迎来了商机。那些倾家荡产被打穿的输家,用证券公司最后留给他们的几百或几千元回家费,在这里买醉。这些人中间,因为吃过这次亏,有的在后来的证券运作中翻了身,衣锦还乡,并且越做越大;当然也有一部分人永远离开了这个市场。

直到今天,双休日时这一带还是热闹非凡。人们愿在这里,谈谈说说,消磨时光。在不知不觉中,身旁的群玉坊消失了,变成了高高的巨厦。但是人们还是热情依旧。

群玉坊位于广东路、汕头路和云南中路、西藏中路之间,前生为光绪年间的"德人里"。主弄为广东路734弄和汕头路65弄,共有26幢楼房。1926年建成后,坊内开设不少妓院、向导社、按摩院等,是当时有名的风化区。英雄销魂何处是?跑马厅侧群玉坊。这一句,倒是点明了地点。

群玉坊在现代史上大大有名,竟拜于一个人,那就是蒋介石的如夫人姚冶诚。辛亥年间,蒋和朋友到群玉坊玩,碰巧遇上了在那里做"细作娘姨"当时叫阿巧的姚冶诚,两人的历史轨迹从此交集。这一事件后来广为人知。但问题是,后人把蒋姚相会称为群玉

十、群玉坊：昨日星辰昨日风（云南中路—西藏中路）

坊的地方，不是我们眼前的地方，这里的群玉坊建于1926年，那年蒋已在南方，不可能啊。是否还存在一个老群玉坊？果真，前文就谈到山东中路和福建中路间的今新建二邨范围，据专家考证，那个地方才是原来的老群玉坊。这倒是有可能的，那里距离蒋介石参与炒股的上海证券物品交易所更加贴近。

20年代，正是五四运动后推倒了一个旧世界的时代，整个上海在城市建设也是乾坤颠倒，到处在造房子。看看我们现在要推倒重建的房子，几乎都是那时建造的，这真是一个值得我们探究的剧变年代。这一年代的里弄取名有许多是有承继关系，群玉坊、会乐里、清和坊等都沿用了老的名字，而这些建筑大都在新世纪中消失，非常容易被后人张冠李戴，也为后人了解上海近代历史，增加了不少难度。

广东路这一段群玉坊的街面，在20世纪40年代，非常有特色，是成排的鸟店。不厌其烦地将它们列出，在纸上保存一点历史旧迹：

广东路714号，黎明鸟店，店主秦秀珍；

广东路718号，中国鸟行，店主沈金梅；

广东路722号，双盛永鸟店，店主李万庆；

广东路724号，俞顺兴东号鸟店，店主俞关瑞；

广东路732号，瑞来鸟店，店主冯启瑞；

广东路736号，林福记鸟店，店主侯安梓；

广东路736号，王荣昌鸟店，店主王德善；

广东路738号,吴顺兴鸟店,店主吴永富;

广东路738号,新泰兴鸟店,店主陈金生;

广东路740号,中央鸟店,店主邵阿毛;

广东路742号,许茂记鸟店,店主许文浩;

广东路742号,聚宝兴鸟店,店主宗郁生;

广东路744号,俞顺兴西号鸟店,店主俞春生;

广东路764号,国泰鸟店,店主陈镛福。

以上门牌号码几乎可以布满云南中路至西藏中路间广东路的北街面。可见当时群玉坊的自然景色一定不差。

有鸟必有花。在这一家家的鸟世界中,前后还曾开过几家花店。难怪上海一些有名的画家经常流连此地,日日来观察花鸟世界的细微变化,以便在自己画的世界中,寻找到新灵感。有时他们也借群玉坊中的香寮,收集到心爱的古画。邵洛羊的《洛羊画谭》就记载了著名书画家吴湖帆与冯超然在这里觅到七十余柄扇面的"画事"。那是1927年群玉坊甫建,吴湖帆、冯超然在上海群玉坊醉红校书家茶叙,忽闻有湖北人张某有扇面七十余柄出让,二人顿时兴趣甚浓,先约三五友人转辗往访,彼此一见如故,又接张某携画来到醉红处,经过审察、议价、成交、付款,时钟已逾七点,大家兴致很高地一起晚餐。吴湖帆、冯超然君子也,又是邻里,友谊非同一般,但在某些事上还是讲规矩,认真得很。虽事先言明平分这批东西,但画品有高下之别，于是请居间监证人，二人凭自己眼光轮流拿之，作"南北开"，得者无悔。上海人所谓的规矩，就是金钱当前，仍然按照既定的程序办事，兄弟之情虽然比天大，但规矩之下才有兄弟之情。从这里可以看出，校书家当时也是一般交际、活动的场所，尚留旧时遗风。

吴湖帆家离这里不远，所以在此地附近能常见到他的行踪，天蟾舞台杨小楼与金少山开唱有他的身影，他还常在东方饭店与借宿在这里的远方同道见面，穿过广东路到浙江路迎春坊溥心畬住所探访，想必广东路这一带的花鸟店他也会路过来张望张望。

群玉坊也曾因政界人物光临而引起轰动。1935年，时任国民政府监察院院长的于右任来到上海，由中医陈存仁和画家钱化佛陪同造访过群玉坊。于右任为寻一个曾经帮助过他的青楼妓女荷花，求教于陈存仁、钱化佛，于是两人带他化名到群玉坊，想通过群玉坊的同道中人惜春老六打探，岂料生出他故，惜春老六将此当作为生意，从中求得好处。他们一行后来竟被人认出身份，而披露于报章。陈存仁在他的《银元时代生活史》中对此有详细描写：

惜春老六一见到我就说："陈医生，是什么风吹来的？"再一看后面跟着两位老伯伯，她已经觉得"不是生意经"。一面说，一面叫我们坐下，茶烟款接，还另外端出一个果盘，把我们当作"打茶围"客人相待，我想妓院的行规很多，不知道如何应付，我就问惜春："近来朱斗文先生是否常到群玉坊？"惜春含笑说："群玉坊的整个房地产都是他的，所以他是我们的业主，也是我们众姊妹的老主顾，现在只要到弄堂口去看他的汽车，就找得到他的行踪"。接着我就写一张请客条子，她说："只要朱大少在附近，十分钟之内他就会来的。"我说："也好。"果然不到十分钟，这位众家的朱大少来了，我就轻轻地为右老介绍，朱斗文谦逊得不得了，连忙说："久仰，久仰，得识予公三生有幸，今天就由我请客。"接着就对惜春说："换一个大房间，客人就是我们四人，菜要特别好。"惜春心想朱大少这般殷勤，其中一定有贵客。……右老一见到这套精致的文房四宝，豪兴大发，说："那就对了，我本来要想写些东西送给朱先生。"说罢，提起笔来就写了一副对联，写好之后，就从褡裢袋中掏出一个图章，盖上了印。……又为惜春写了一副嵌字联，下款题的是"骚心"二字，作为纪念。惜春拿到这副对联后，不久就去后面小房间给一个客人看，那客人就是袁寒云的门生俞大少，他一看到这一副对联，就告诉惜春：这位老先生来头很大，就是当今监察院长，等于清朝的巡按大人。……第三天不得不再陪右老去走一次，哪里知道这天出版的《晶报》，俞逸芬已把消息刊出，说是："于右老花丛访恩人"，并且把右老写赠惜春那

十、群玉坊：昨日星辰昨日风（云南中路—西藏中路）

副对联也铸版登了出来，当时的《晶报》销数很大，右老闻之，起初颇觉不悦，后来一想，确来访旧，亦不介意，而且说："这消息传开来，也许更容易找到荷花的下落。"这一晚右老写字更多，群玉坊中人纷纷来求字，右老来者不拒，逐一问明名字，每人送一副嵌字联。

不吝笔墨地照录了陈存仁这一大块精彩文字，不仅因为陈文涉及群玉坊，更因陈文将过去年代妓家待人处事的手段生动地描写出，那种不露声色卸人钱财的方法，察言观色耳听八方的本领，逢场作戏的社交世俗，真是无人敌得过。还有，就是晚清以来那些声色场所与新闻媒体暧昧关系的延续，在陈文中也可窥探出一点蛛丝马迹，感知教坊盛起连年的背后推手。

作为一般的家庭，面对周围这样的环境，家长们教育孩子的方法非常简单也和前文讲的基本一样：不许往弄里窜，也不许往弄口看。那时流传，只要往里一看，魂就会被狐狸精勾去。这当然有些夸张。但上文中妓家手段和本领，确实令人防不胜防。

陈存仁先生的《抗战时期生活史》也写到了与盛宣怀的后代盛文颐盛老三在群玉坊见面的奇事。盛文颐虽然贵为富家子弟，却是一个虚有其表的大少爷，有时很宽裕，有时却身无分文。他对吃、穿、嫖、赌样样都很精。过去进妓院不必带钱，局票账都是到时节计算的，所以他越是混不下去的日子，越是要到堂子里去度日子。有一次中秋节前一天，盛文颐很早就派人送来一张"请客条子"，还打来一个电话给陈医生，说要在群玉坊一家堂子请客，请陈医生必到。陈医生到后见一室之中尽是莺莺燕燕，既没有打牌，又不见有什么贵宾，只见他躺在烟榻上抽大烟。见陈医生来了他大为得意。对鸨母说："中秋的节账，你们结算清楚了没有？"那鸨母说："慢慢叫好哉，急点啥。"实际上中秋一定要结账的，他指着鸨母说："这笔账，你明天到陈医生处去收好了。"陈医生迫于当时形势，不便当面说推托的话，只是心中叫苦，原来这就是他邀陈医生的目的。上海人讲起来，陈医生是给足对方面子了。

过去的妓院实际上并不是我们后来知道的唯一性淫业，还隐含着极大的社交潜能，有名的校书必须琴棋书画全能，结交这样的校书恩客脸上才有面子，愿意在重要的场合叫局请之参与，并引以为荣；或请朋友登堂入室，捧其场，扬其名，也是一种体面。群玉坊时期从历史的角度来讲虽然已经是这种业态的晚期，但总的情况还和过去有很多相同处。

说了群玉坊的负面历史，它的阳光之处也必须让人了解。"八一三"抗战期间，在十分紧急的情况下，"上海慈善团体联合救灾会"（简称慈联会）在一些中小学校、电影院、银行、钱庄、旅馆、同乡会、饭店、酒

十、群玉坊：昨日星辰昨日风（云南中路—西藏中路）

楼设立了临时收容所，有几十处，一般名称都是就地取名，群玉坊也被相中设立了收容所。当时大世界游乐场附近被扔了炸弹，群玉坊就在附近，想必临时收容所一定起到很大的作用。赵朴初先生当时在中国佛教会任主任秘书，为慈联会的常务委员，驻会办公，而办公地址就在现云南中路北海路以南的仁济堂，离群玉坊近在咫尺，倾尽全力，功莫大焉。

群玉坊的西藏中路广东路转角处，后来进驻了一家叫"川湘土产食品商店"，非常有特色，它是1956年"利川东""川江""四川"三家公私合营的产物，专制麻辣食品，有辣酱、辣油、辣椒、花色乳腐等几大类上百个品种，深得大众喜爱。上海及江浙地带的人并不嗜辣，但在特殊时期，特别在物资匮乏、收入有限的年代，这些重口味的食品，是下饭的极佳佐餐品。这种香辣的味道弥漫性很强，有时候大家笑话寻找此店只需跟着鼻子走来。每天，店门未开，就有一支长长的队伍在店外排着等开门。那时流行的不就是排长队嘛。群玉坊拆除后，川湘土产食品商店有段时间设店于金陵东路近金门路，但那里后来也要动迁，现在安身于延安东路共舞台边的稻香村食品店里。

"文化大革命"结束后，私家餐刚启动时，群玉坊内就立马领风气之先开出一家叫"Home"的小面馆，小小的牌子挂在西藏中路的弄口，生意格外兴隆，连黄头发的外国人都慕名而来。那时私人搞饮食

207

的极少,群玉坊中还真有高人。直到群玉坊动迁后,"Home"才消失了它的踪影,也不知在哪里再起风云。在群玉坊云南中路的这一边,也曾早早地开过几家小饭店,一般圆台面放置二楼,楼底招待散客,价格十分便宜,客人来去真不少。

今天,在广东路的最西端,北边的群玉坊早在20世纪末已全部拆除。南边上海市工人文化宫,也将迁移,听说大楼留作他用。但双休日,原地的马路股市沙龙依旧热闹,人们的热情似乎永难消退,这里已经是整条广东路在上海市区中最耀眼的地方。

十一、跑马厅

（西藏中路—人民大道）

西藏中路以西，就是著名的人民广场，也就是过去的跑马厅。上海人一般不叫人民广场，喜欢叫人民大道，简称大道里。因为就一般人而言，整个广场他们能活动的地方，也只有那条用原石砌成的大道。"文革"中矛盾双方一言不合，便称到大道里去，言下之意拉开场子，比较拳头大干一场。实际也道出上海人那时苦衷，要打架连伸手舒脚合适的场地都没有。大道里的称谓，现在恐怕只有50岁以上的人才能懂得。

历史上西藏中路西是有一排房子的，通跑马厅的只有福州路，50年代房子拆除至武胜路，从广东路穿出的人可以从武胜路口进入大道里。到20世纪90年代，西藏中路西面的房子一直拆到了延安东路，连这一段的龙门路也完全不存，更别说远东饭店对面的大陆饭店、上海时疫医院、采芝斋那一众建筑。

五马路：从外滩到跑马厅

跑马厅静安寺路（今南京西路）一侧

现在要从广东路到大道里，只能走广东路的地下通道，西藏中路上不设人行横道线了。

眼前的大道里原是上海历史上的第三个也是规模最大的跑马厅。广东路实际上和上海两个跑马厅都有交集，浙江中路、湖北路、北海路、西藏中路，以前实际上都是马道。跑马厅一直是上海中心地段，所以居住在广东路上的人，心理上多少都有点地域优越感。

第三跑马厅，也就是现在的人民广场加上人民公园的面积，始建时间也超过150年了。当初有一户老式人家的祖坟就在跑马厅的范围内，并且在墓道两边

十一、跑马厅（西藏中路—人民大道）

上海时疫医院，朱葆三开设，50年代改称红光医院

立有石翁仲、石马，对于外国人的动迁诱惑置之不理，坚持祖坟不迁，并且保留适时祭奠的传统，所以直到20世纪30年代，每年当令时节还总能看到白衣白幛的祭祀队伍出现在跑马厅的中央，与周遭现代化的城市氛围形成巨大差异的滑稽场面。有时甚至喧宾夺主，大家都去看祭祀活动。同期，跑马厅总会在西北处造了高高的钟楼建筑，与附近国际饭店一起，形成了上海地标性的时尚区域。这些个石翁仲、石马后来分散到观前或公园，经过历史沧桑，现已难以辨识。

虽然跑马厅的范围有人民广场加上人民公园的面积这般大，但并不意味跑马的赛道就设在外圈，因为除了那幢曾被称为Big Bertie的总会钟楼建筑旁边有巨大的观赛台外，设在人民公园4号门的南面约百来米的地方，与原来西面的一大片观赛台形成弧形，而其东面，有一个小巧的跑马厅总会游泳池，这大约上海第一个现代意义的公共游泳池，建于19世纪八九十年代，人民公园修建后，就称为人民公园游泳池。由于是露天泳池，一般秋季后就移为他用，作过观赏鱼池，菊展时也被用作展台。大约在20世纪末九江路穿过人民公园接通南京东路的大型交通工程中，游泳池被填埋。一百多年的历史就此结束，或被人们遗忘，或被人们难得回忆，一旁的规格超粗犷的高台阶观赛台也不见踪影。

50年代跑马厅改造开始，实际上将其功能作几个块块划分：北部改造为浪漫的人民公园，予以游乐休闲功能，一度还挖掘了人工湖，可划小船；中间直对福州路开辟为人民大道，予以交通功能，人民大道开辟初，当时仅通行一条公交线路，那就是捷克车型的49路，也真是搞不明白，上海全部的公共交通中，独有49路使用这一类型的车型；人民大道与人民公园之间设立一长条观礼台和主席台建筑，那是神圣光环覆盖的地方，赋予全市性政治活动中心的功能，从"三反""五反"到1976年的"四人帮"倒台，没有一次离开过这里，每逢大事，人民大道便成为全市性活动的场所。50年代到80年代，人民大道华丽灯柱上安置了

十一、跑马厅（西藏中路—人民大道）

许多高音喇叭，《歌唱祖国》是必放歌曲。游行的队伍从四面八方汇集到外滩市委市政府处，然后举着红旗唱着歌，从福州路、九江路、汉口路、广东路和延安东路汇入人民大道，非常有节日的气氛。90年代，观礼台和主席台被推倒，重新建设了高楼，作市政府办公大厦。

人民大道的南边部分，由预制板和煤渣或小碎石组成了东西两块，曾是几代少年健身的乐园，小伙子们在这里踢球、运动，是50年代至70年代出生者的天堂。南部沿武胜路一圈，用深绿漆铁栅栏和矮冬青围住，中间有一段煤渣跑道，是长跑爱好者的天下，但如

人民广场主席台一角

果你不小心在这里跌一跤，煤渣会将你腿的表面形成奇怪的凹坑，让你疼得一辈子难忘。后期阶段，那里也曾经停放过许多公交车，作为中转地使用。

从窄窄的广东路穿过西藏中路，就能站在人民广场南块区预制板地块上，会感觉天地一下子宽阔起来，心情也格外舒畅。这块地方从偌大的人民广场角度来看是无关紧要的，只是一角，但人民广场的许多故事就发生在这里。预制板自身，因疏于管理，在长期踩踏下实际架空，雨天积水其间，晴天看似平整，踩踏上去就会产生"喷泉"的效果，浑身上下一身泥浆。孩子们以此为乐，彼此为对方设下"陷阱"，全然不顾回家后各自父母的责备。

在70年代末期至80年代初，这块地方成了一部分市民的乐土，一切奇奇怪怪的东西在这里找到了属于它们自由生长的天地。

中国象棋残局摊是比较有年代对赌形式，一般摊主穿一件袍衣，嘴上一撮短须。他必须是短须，如果是长髯，那就没人和他玩，短须说明资格尚嫩，客方还有博弈的机会；他必须无言无语，有一种天然木讷的神态，给人一种软弱可欺的虚景，引发对方战而胜之的欲望。而实际上，残局埋藏着极深的对弈语言。摊主可以随便攻擂者选择红棋或黑棋，而将棋道演绎得如梦如幻。这类残局，摊主只要熟练掌握象棋规则，总能将你引导到他需要出现的棋局中，使你永远面对

十一、跑马厅（西藏中路—人民大道）

他最熟悉的争斗氛围，可望而不可即，达不到你想要到达的目的。所以攻擂者绝无胜算。摊主除了懂棋，更懂得观人、诱人、逗人。半瓶醋者在别人攻擂时喜欢在一边指指点点，好像有高人一等的手段。摊主最喜欢的就是这样的对手。他先捧你，让你感到你就是高手，哀恳你不要出高招，仿佛你的出现是他的末日；等收拾了眼前的对手后，话锋一转为尖刻，说你不行，说你胆怯，挑逗你来一局。到了那时候，欲罢而不能，你也只能硬着头皮应战，结果只能是接受失败的耻辱，并且在语言上，得不到一点便宜。

夏天，斗蟋蟀不仅是孩子喜欢的玩意，许多成人也乐在其中，江南一带有这种风气和习俗。成人蟋蟀战一般都带彩头，仿佛不带彩则纯属小孩的玩意，不过瘾。人民广场这一带夏季有许多农人来兜售蟋蟀，一般早期来自绍兴、杭州，后来多来自山东。于是，自然形成了一个不小的市场，并且蟋蟀战也就地拉开。斗蟋蟀仿佛规矩很多，最一般都依着小不斗大、黑不斗黄、黄不斗紫等规矩，但在这里所有的规矩统统失效。农人兜售的蟋蟀一般一毛钱5只，上好的5分一只。蟋蟀客一般随手买数只，其中选出对眼的，落盆就杀，根本不管不顾什么规矩，野战到底。一般，一场胜负为二花，也有更多。什么叫花呢？一花就是指那时的一包牡丹牌香烟，一包牡丹牌香烟的价格是4角9分。也就是说，斗一场输了就是两盒牡丹牌香烟的价格，但这是近似，实际上一花就是5角，没有人会找回你分币，这也是蟋蟀客不成文的规定。在人民广场斗蟋蟀，绝对不是俩人的事，周围都有一帮兄弟甚至一群陌生人帮衬着，一旦落盆开打，几十颗脑袋立刻凑在一块，那个时候大家都嚷着"开天窗"，意思是最中间的脑袋必须移位，漏点光线让人看清盆里争斗的情况。也有些人根本不看盆里春秋，却忙着和周围人飞"瞎苍蝇"，也就是在两个蟋蟀客中间压一个宝，再在围观者中找个压对方的对手赌输赢。所以，这个地方的蟋蟀战被许多老法师看不起。

  买卖古董的也占有一方天地。一种是卖瓷器的，古朴开片的最像老年代，但谁知道呢？开价论元，问津者稀。倒是买卖钱币的，生意很不坏。最多是一种是卖铜钱的，除了孔方兄还有铜板，观者不断，主要与当时的生活水平一致，所谓人货对板，价格只在一二分。当然，要找到稀世珍币也是不可能的，但弄几个唐代大路货还是可能的，再前些年代，就是一把一把的五铢钱。另一种纸币，花花绿绿的，一分钱可买好几张，也是热销品，因为上面有孙中山、蒋介石的像。那时"文化大革命"刚结束，蒋介石的像如此公开出现也让人忐忑好奇，大家通过金圆券认知了蒋介石的正常面孔，而在此之前，只知道他太阳穴贴着黑皮十字膏药。谁也不敢多收，但谁都只选面值最大的买入。要知道当时人民币最大面值只有10元的，你一下

十一、跑马厅（西藏中路—人民大道）

子兜里有一张上百上千元的钱币，这种感觉令人精神顿振，走路也飘起来了。不过金圆券倒是祸害匪浅，三十年后还是不分面值高低以张计价，前朝矣！

也有人混在古玩的市场中买卖其他东西的，而且这些东西一般不能在寄售商店正常买卖的。有人暗地里出售国民党的军官服，大家看后摇头的多，政治这根弦还是很紧的。这个东西拿回—不能穿，把衣服上零零挂挂的东西全去掉也不能穿，虽然大家当时还常穿带有补丁的衣服，但是这种衣服大家还是有警惕的，宁愿穿穿"安全生产"的工人服，也没有人想要复辟。还有，出售当时普通军衣军裤的，"文革"中大家习以为常地男女老少都穿这种服装，生意倒是不坏。

也有售废料的人，穿着活像乞丐，自称海龙王，用小车拉来了玉雕厂的下脚料，倒拥有不少识货的粉丝，看来能淘出有用之料。但他也不是每天来，隔三差五的，偶尔常规时间不来，人们倒有所等待期盼。他带来的料一般都是边角，只能作章印之用；而一旦余料较大时，便作狮子大开口，老友们纷纷嗤之以鼻，他倒也不辩，蹲地只是猛抽烟，作不服状。有内行者曰，他的料大部分是新山玉，质脆易崩，最不合章印。也是一家之言。

预制板地块的最东和西藏中路相隔有矮墙，矮墙内原来还有一片稀稀拉拉的绿化带，仿佛像鬼剃头，但这可是人民广场的音乐角啊，每天早晨是大型铜管器的世界。他们一般挨在最边上,面壁练习,东一响声,西一炮轰,倒也是热闹得很。也有少数拉琴者,但在这一片重乐器的轰炸下,坚持不了三天。

中间地带则留给了习武者。那时候,每个人心中都拥有一颗尚武的心,伟人"不爱红装爱武装"的诗句确实是深入人心。有推手的、搞形意八卦的、举杠铃的,甚至有练习摔跤的,他们最大的相同点是色彩多样的灯笼裤,穿梭养眼,充满朝气。

推手的最有趣,每天要练练。对手以一种愉快的笑容上手,谈笑风生,这只是你看到的表面,实际上已经是你来我往,天地翻滚。它用的是暗劲,是笑里藏刀。最终有人被拿住,一路踩地退出,一笑而过,旁人甚至连胜负都不明。但是大家最期望等待的,是会友。会友是好听的讲法,实际上是击技对抗,完全是一种武术比赛。比赛时需要较大的场地,观者围成一圈。双方上来运手走筋,某关节有小的胜负,双方对视一笑,一方低语称赞,这是老派的套路,儒雅而不失礼节。也有表面失礼的,以身势压人,作无赖状,全身附在对方身上,让你来化解他的重量,而对手对其的各种攻击,他都可以利用关节作解脱,这种人是最难缠的。年轻人上来也是一样,运开手走筋骨,但眼中杀气毕现,没有多久就有非常明显的击技动作,但如果都在一般的范围,师傅们也都不制止,这也是大家最过瘾的。有时控制不住,一旦超出范围,也十有

十一、跑马厅（西藏中路—人民大道）

一二次，此时师傅们会及时出手阻止，使他们冷静，并最终在离开时令其握手言和，而观众们想看水落石出的打算往往落空。

搞形意也有意思，最喜欢的是听他们收势前的那声大叫，惊心动魄，最后之处好像京戏的亮相造型。一些旁观者在散场时也有样学样，大声地吼一声，摆了一个花架子，过一个大瘾。当时，人人都有个武术梦。

摔跤帮是人民公园中练少林拳的。平时花拳绣腿，过一段时间他们来这里，主要是借这块泥地，来考察一下阶段性实战搏击的效果。这种摔跤活动带有教学意味，一般使用七成力量，但也有个别时候弄假成真，闹得脸红面赤不欢而散。

人民广场改建后，人们都调整了自己的习惯。等他们再回来时，发现这里已全部成了美丽的绿地，已经不再适合踢球、打球等运动。南部，端庄有致的上海博物馆雄踞在中间位置；偏西，白绿相间，一片树林成了鸽子的世界；偏东，早晨适合老人休息、步行，其他时间，从安设大量座椅的设计来看，更像是休息、恋爱的场所。那些习惯于在此活动的年轻人再也看不见了。他们或是随着周围里弄的动迁而分散到城市的其他地方。不知他们还习惯于运动场或运动馆否，那些有限的地方怕已容不下他们的眼界。

人民广场确实是大，从广东路过来的一拨拨人，

219

即便再多,在这里一散开,便天南地北很难找到半点踪影,也许一辈子找不到了。人生聚散,莫非如此?他们带走了广东路的全部故事,在世界的某一角,默默地缅怀;或在某个雨夜,或在某个不经意的时间,他们也会带着他们的儿女,也可能是孙辈,重新经过走在这条最熟悉的路上。

天已大亮,从人民广场回望,远处隔着黄浦江的东方明珠近得仿佛就在眼前。五马路的梦想,现在交托给了陆家嘴,那是比肩曼哈顿的更巨大的雄心。东方饭店还在。群玉坊不见了,代之的是高高的都市办公大楼。高楼深谷,在流动着的车行中,那条叫广东路,或五马路,更远叫宝善街正丰街的马路在哪里?如昙花一现,似彗星明灭,仿佛消失,仿佛从来没有存在过。

我们寻觅了一个整晚行走的那条路,现在只望得见它的天空。有多少已湮没,还剩多少供我们膜拜?

偶然的邂逅,赖造化之功。生命原来就是个偶然。从广东路走出的人,或许有一天,也会将它渐渐淡忘。有时,甚至我们自己也在怀疑,它,真的有那么重要,需要我们频频回首?

它是上海城市的记忆,是上海近代城市形成开步的足印。上海,沧桑巨变,涌现着东方大城市充沛的活力,我们满怀希望地看着她发展,看着她变得越来越美,看着她超越的远景。

十一、跑马厅（西藏中路—人民大道）

广东路回望

可是我们何处去寄存它过去的身影？何处去寄存上海人自己过去的身影？我们只能将它们藏在时常令我们感动的地方——我们的心里，是我们对这座城市全部的爱、怀念和伤感。

每座城市都有自己的忧伤。不是吗？

后　记

　　本书写作花费了很多时间用以查找相关资料。对于作者来说,查资料和写作本书的这一过程也是一种充分感受的过程。为了有充分的感性认识,在这条小马路上作者有时一个星期会走两三回。为了一条小路而花费如此长的时间,读者一定认定作者是个十足的上海人吧？从严格意义上,作者虽然生在上海,但和大部分上海人一样,我的籍贯是在他乡。在上海,倘若你问别人是哪里人,十有八九,你得到天南地北的答案,极少有人回答是上海人；而你到世界的范围,你发现上海人会比在上海的多。在上海,人们回答了祖籍；在其他地方,人们则回答了生命的开始或生命的过程。

　　我们对上海的情感开始远没有"乡"来得亲切,我们的祖辈对同乡会的热情使我们深深地感受故乡